모국어가
공부의
열쇠다

정 박사의 제대로 배우는

모공열 한글

3

이 책을 만든 사람들

지은이
정도상 서울대 언어학 박사

공동 작업자
장원철 ㈜언어과학 이사

모공열 한글
3권

초판 1쇄 발행 2018년 7월 10일
초판 3쇄 발행 2020년 8월 31일

펴낸이 정도상
펴낸곳 ㈜언어과학
디자인 김현진
영업 장원철·김종수
홈페이지 www.mogong10.com
주소 경기도 안양시 동안구 흥안대로 427번길 38 성지스타위드 1302호
전화 031-345-6450
팩스 031-345-6455
출판등록 2003년 12월 2일 제320-2003-69호

ISBN 978-89-92420-24-2
978-89-92420-25-9 (세트)

학부모에게 드리는 편지

언제 한글을 배워야 할까?

아이들의 글자 학습은 놀이와 운동으로 감각을 키우는 5-6세를 지나서 시작하는 첫 단계의 지적 학습 활동입니다. 아이들은 글자를 쓰는 활동에서 뇌와 그동안 키운 손감각을 활용합니다. 인간이 글자를 익히는 가장 적절한 시기는 7-8세입니다. 우리 교육 시스템에서 초등학교 입학 전후가 최적의 시기입니다.

우리 아이는 이미 한글을 배웠다?

최근에 조기 교육으로 3-4세부터 한글을 가르치기도 합니다. 적기보다 일찍 한글을 배워서 책도 읽고 글도 쓰는 아이들도 있지만, 아이의 성장에는 긍정적인 측면보다 부정적인 측면이 더 클 수 있습니다. 그 시기의 아이들은 글자보다 감각으로 사물과 개념을 접해서 상상력을 키우는 것이 성장에 더 도움이 됩니다.

그리고 한글을 일찍 배운 아이가 모든 글자를 정확하게 깨우치기는 쉽지 않습니다. 아이들의 논리적, 인지적 사고력이 한글의 모든 글자를 배울 정도로 체계를 형성하지 못하기 때문입니다. 한글을 어느 정도 알고 있는 아이도 처음부터 새로 체계적인 학습이 필요합니다.

올바른 학습 습관은 한글 학습에서

아이들에게 올바른 학습 습관을 길러 주는 첫 번째 기회가 글자 교육입니다. 처음부터 어설프고, 불완전한 학습 습관을 기르지 않도록 철저한 교육을 할 필요가 있습니다. <모공열 한글>은 훈민정음의 원리를 적용하여 한글을 쓰는 기초적인 방법부터 문장을 쓸 수 있는 단계까지 진정한 의미에서 한글을 끝낼 수 있도록 구성했습니다. 이 책에서 받아쓰기 학습은 포함하지 않았습니다. 받아쓰기가 한글을 익히는 데 도움이 될 수도 있겠지만 최선의 방법은 아닙니다. 지적인 학습의 첫 단계에서 아이들이 틀리면 안 된다는 강박감에 시달리지 않으면 좋겠다고 생각했습니다. 이 책은 더 효율적으로 한글을 배울 수 있는 방법을 추구합니다.

삶에서 지식과 창의력이 성공의 필수 조건입니다. 아이가 짧게는 3개월, 길게는 6개월간 한글을 배워 지식을 쌓아 가는 힘찬 발걸음을 내딛도록 격려하고 도와주시기 바랍니다.

고맙습니다.

2018년 6월 **정도상** 올림

모공열 한글의 목표

한글을 완벽하게!

어설프게 배운 한글이 더 위험하다!

적절한 시기보다 글자를 일찍 배우면 좋은 점도 있겠지만, 아이의 상상력과 추론 능력에는 도움이 되지 않습니다. 하지만 안타깝게도 3-4세가 되었을 때 아이에게 한글을 가르치는 부모들이 의외로 많습니다. 일찍부터 한글을 배운 아이들은 어설프게 배워 그 지식이 완벽하지 않은 경우가 허다합니다. 모르는 것보다 어설프게 배운 한글이 더 위험합니다.

나중에 배워야 하는 글자는 없다!

한글을 깨우치려면 모든 글자를 읽고 쓸 줄 알아야 합니다. 그런데 한글을 다 배웠다는 아이들도 '잇/잊/있, 낫/낮/낯/낱/낟'을 정확하게 구별하고, 그 차이를 알고 있는 경우는 많지 않습니다. 한글을 올바르게 배우고 깨우쳤다면 모든 글자의 쓰임과 차이를 명확하게 알 수 있어야 합니다. 글자 중에서 일찍 배워야 하는 글자와 나중에 배워야 하는 글자가 따로 존재하지 않습니다. 우리말에 사용되는 모든 글자는 한 번에 완벽하게 깨쳐야 합니다.

실제 사용하는 말을 배워야 한다!

글자를 배울 때는 아이들이 실제로 사용하는 살아 있는 낱말을 익혀야 합니다. 말이든 글이든 '오다, 가다, 사다, 먹다'와 같은 기본형은 실제 생활에 쓰이지 않고 사전에서 사용하는 표현입니다. 이 책에서는 '가더니, 오는, 사서, 먹으면서' 등으로, 글자와 낱말을 배웁니다. 또한 7-8세 아이들에게는 사물을 지칭하는 명사 중심의 교육에서 벗어날 필요가 있습니다. 아이들이 자주 사용하는 '다시, 너무, 미리, 모두, 이미, 바로' 등의 말을 쓰면서 자신감을 가질 수 있도록 배려했습니다.

한글, 완벽하게 깨우쳐야 한다!

우리 학생들은 한 번에 그리고 집중해서 학습하는 데 익숙하지 않습니다. 어려서부터 자기도 모르게 불완전한 학습 습관이 길러지도록 교육을 받기 때문이지요. 이러한 좋지 않은 학습 습관은 대체로 조기 학습과 선행 학습에서 비롯됩니다. 한글 학습에서도 아이들은 간단한 낱말을 읽기만 해도 칭찬을 받았고, 그러한 경험으로 한글을 다 알고 있다는 착각을 하게 됩니다. 우리말의 '빗/빚/빛, 입/잎'과 같은 글자를 4학년이 되어서 구별하는 것은 올바른 글자 교육이 아닙니다. 글자는 배울 때 정확하고, 완벽하게 배워야 합니다. 또한 글자만 배우고 띄어쓰기, 낱말의 순서, 문장 부호를 몰라서 한 문장도 스스로 쓸 수 없다면 불완전한 학습입니다. 한글에 쓰이는 모든 글자를 다 읽고 쓸 수 있고, 띄어쓰기, 낱말의 순서까지 배워서, 마침내 창의적으로 하나의 문장을 쓸 수 있어야 완벽한 한글 학습입니다.

모공열 한글의 구성

모공열 한글 1권

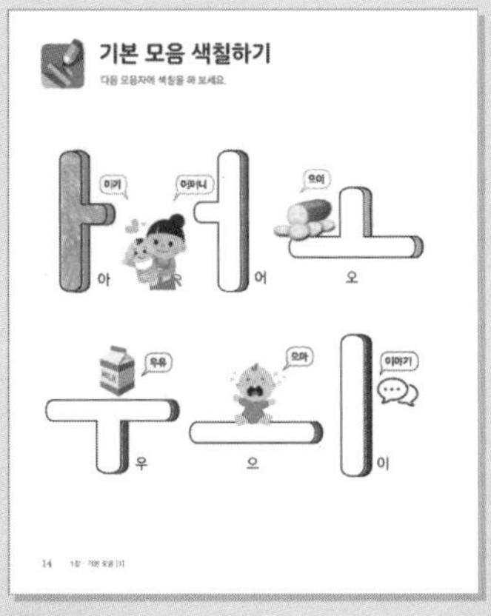

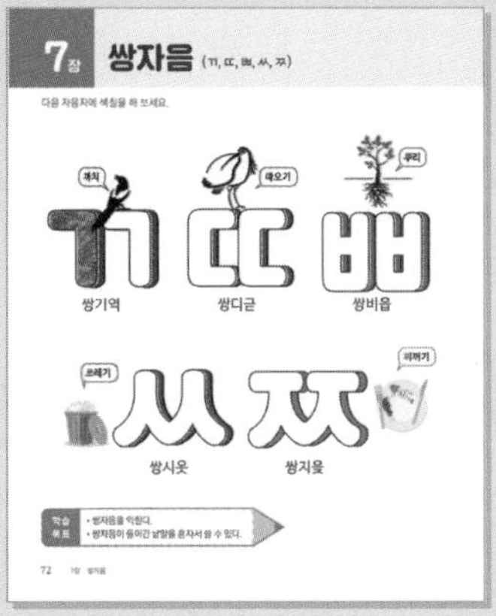

1권에서는 우리말의 '거미, 고구마, 고모, 이모, 다시, 기차, 레고, 코끼리, 꼬리, 때때로, 뿌리, 찌꺼기'와 같이 받침이 들어가지 않은 글자 학습이 목표입니다.

1단계 : 맨 처음에 글자 쓰는 법부터 시작합니다.

한글은 '왼쪽에서 오른쪽으로, 위에서 아래로' 쓰는 것이 가장 중요한 원칙입니다. 이 원칙을 포함한 가장 기본적인 글자 쓰는 법부터 배웁니다.

2단계 : 기본 모음 'ㅏ, ㅓ, ㅗ, ㅜ, ㅡ, ㅣ'를 익힙니다.

기본 자음(ㄱ, ㄴ, ㄷ, ㄹ, ㅁ, ㅂ, ㅅ, ㅇ)과 기본 모음(ㅏ, ㅓ, ㅗ, ㅜ, ㅡ, ㅣ)이 결합한 글자를 배웁니다. 이것을 배우면서 '고구마, 거미, 이모, 고모, 우리, 어머니' 등의 낱말을 익힙니다.

3단계 : 우리말은 자음보다 모음을 먼저 배우는 것이 훈민정음의 원리에 맞습니다.

다른 자음을 배우기 전에 기본 모음에서 하나의 획을 더한 'ㅐ, ㅔ, ㅑ, ㅕ, ㅛ, ㅠ'를 배웁니다. 이 단계에서 '유리, 매미, 레고, 여기, 이야기' 등의 낱말을 익힙니다.

4단계 : 우리말의 기본 모음을 다 익힌 상태에서 기본 자음(ㅈ, ㅊ, ㅋ, ㅌ, ㅍ, ㅎ), 쌍자음(ㄲ, ㄸ, ㅃ, ㅆ, ㅉ)과 결합한 글자와 낱말을 배웁니다.

이 단계에서 '아버지, 기차, 허리, 파리, 포도, 피아노, 때때로, 꼬리, 뿌리, 아빠, 토끼, 까치, 찌꺼기' 등의 낱말을 익힙니다.

모공열 한글 2권

2권에서는 우리말의 '참치, 신발장, 목욕탕, 컴퓨터, 짜장면, 컵라면, 깜짝, 꿀꺽, 깨끗한, 과일, 바퀴, 열쇠, 외계인, 왜냐하면' 등의 낱말을 익히는 것을 목표로 합니다. 이 낱말을 익히고 나서 글자와 소리가 달라지는 원리를 배워서 아이들이 소리 나는 대로 글자를 쓰지 않도록 훈련을 합니다.

1단계 : 기본 받침에 속하는 'ㄱ, ㄴ, ㄹ, ㅁ, ㅂ, ㅅ, ㅇ'이 들어간 받침 글자를 학습합니다.

우리말에서 기본 받침 글자이지만 'ㄷ, ㅌ, ㅈ, ㅊ, ㅋ, ㅍ, ㅎ'은 그 쓰임이 어려워서 3권에서 학습합니다.
이 단계에서 '자동차, 참치, 컴퓨터, 목욕탕' 등의 어휘를 익힙니다.

2단계 : 복합 모음 1 'ㅘ, ㅝ, ㅢ, ㅚ, ㅟ'를 먼저 배우고, 복합 모음 2 'ㅒ, ㅖ, ㅙ, ㅞ'를 학습합니다.

이 단계에서 '과자, 병원, 열쇠, 바퀴, 외국어, 예술, 외계인, 차례' 등의 낱말을 익힙니다.

3단계 : 여기까지의 학습으로 어려운 받침을 제외한 글자를 모두 학습하게 됩니다.

다음 단계로 넘어가기 전에 '사람이, 동물이, 밥을, 눈에서, 음악, 이름이' 등의 다양한 표현을 쓰면서 소리 나는 대로 쓰지 않고 원형을 밝혀 적는 훈련을 합니다.

모공열 한글 3권

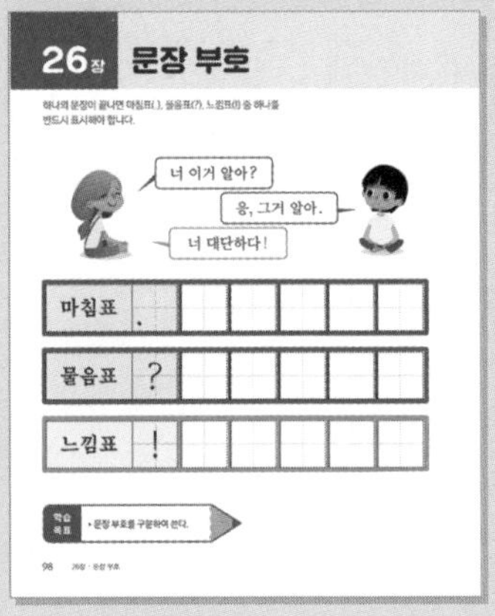

3권에서는 우리말의 '높다, 낮다, 같다, 젖은, 떡볶이, 있다, 없다, 많은, 앉아서, 않고, 읽고, 젊은, 밟고, 핥아서, 잃어버린' 등의 낱말을 익히는 것을 목표로 합니다. 또한 소리는 같은데 글자가 다른 '이따가/있다가, 업고/엎고/없고' 등의 낱말을 구별하고 그 뜻을 익힙니다. 마지막으로 문장 부호, 띄어쓰기를 학습하고, 배운 글자로 창의적 문장과 간단한 글을 써 보게 됩니다.

1단계 : 받침 중에서 어려운 'ㄷ, ㅌ, ㅈ, ㅊ, ㅋ, ㅍ, ㅎ' 받침 글자를 학습합니다.

이 받침 글자는 아이들이 매우 어려워합니다. 이 단계에서 '높다, 낮다, 얕다, 좋은, 꽃, 옆에, 앞집' 등의 낱말을 익힙니다.

2단계 : 자주 쓰이는 쌍자음 받침 'ㄲ, ㅆ'과 겹받침 'ㄶ, ㄵ, ㅄ'을 학습합니다.

이 단계에서 '떡볶이, 많은, 앉아서, 없는, 있는' 등의 낱말을 익힙니다.

3단계 : '있다가/이따가, 같다/갔다, 낫다/났다/낮다' 등의 낱말 뜻과 글자의 차이를 익히고 난 뒤,

한글 학습에서 가장 어려운 겹받침 'ㄺ, ㄻ, ㄼ, ㄽ, ㄾ, ㄿ, ㅀ, ㄳ'을 배웁니다.

4단계 : 모든 글자 학습이 끝나고, 문장에서 마침표, 물음표, 느낌표를 쓰는 법과 띄어쓰기를 학습합니다.

마지막으로 아이들이 많이 틀린다는 문장에 쓰인 낱말들의 순서를 배웁니다. 이렇게 해서 모든 학습이 끝나고 나면 혼자서 창의적인 문장을 써 보고, 간단한 초대글 등을 쓰는 것으로 학습을 마무리합니다.

훈민정음의 원리를 충실히 반영한 모공열 한글

모공열 한글은 훈민정음의 원리에 따라서 한글 교육을 합니다. 훈민정음의 원리는 휴대전화 문자입력 시스템 "나랏글"에 잘 반영되어 있습니다.

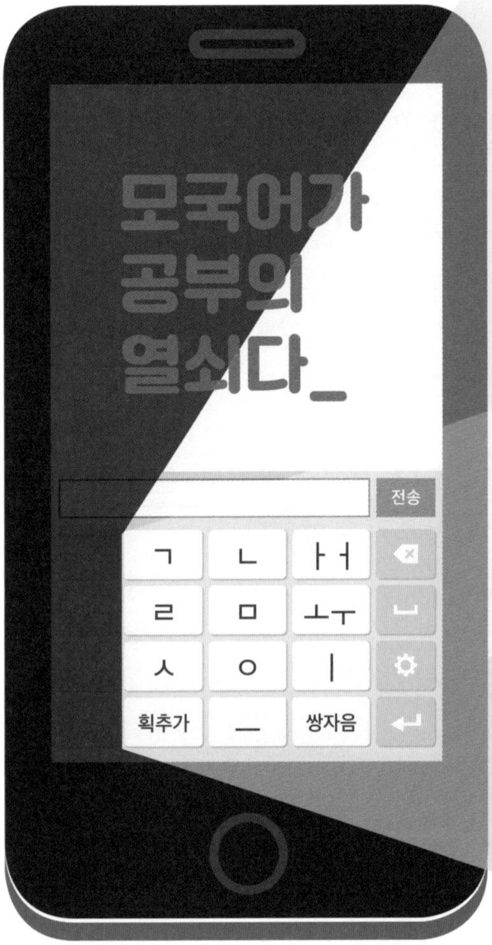

나랏글 문자 입력의 이해

자음 구성 원리

기본 자음 'ㄱ, ㄴ, ㄹ, ㅁ, ㅅ, ㅇ'에서 획을 추가(가획)해서 다른 자음을 만들고, 쌍자음(ㄲ, ㄸ, ㅃ, ㅆ, ㅉ)은 같은 글자를 나란히 써서(각자 병서) 만듭니다.

기본 자음	획추가	획추가	각자 병서
ㄱ		ㅋ	ㄲ
ㄴ	ㄷ	ㅌ	ㄸ
ㅁ	ㅂ	ㅍ	ㅃ
ㅅ	ㅈ	ㅊ	ㅆ ㅉ
ㅇ		ㅎ	

모음 구성 원리

모음은 천지인(·ㅡㅣ)을 활용하여 기본 모음 'ㅏ, ㅓ, ㅗ, ㅜ, ㅡ, ㅣ' 여섯 개가 만들어집니다. 이 기본 모음에 획을 추가하여 'ㅑ, ㅕ, ㅛ, ㅠ'를 만들고, 'ㅐ, ㅔ'와 다른 복합 모음은 두 개의 모음을 합해서 만듭니다.

모음 + 획 추가			
ㅏ + 획 추가	ㅑ	ㅓ + 획 추가	ㅕ
ㅗ + 획 추가	ㅛ	ㅜ + 획 추가	ㅠ

모음 + 모음			
ㅏ + ㅣ	ㅐ	ㅑ + ㅣ	ㅒ
ㅓ + ㅣ	ㅔ	ㅕ + ㅣ	ㅖ
ㅗ + ㅏ	ㅘ	ㅗ + ㅐ	ㅙ
ㅜ + ㅣ	ㅟ	ㅜ + ㅔ	ㅞ

한글 원리에 충실하게!

기본 자음과 기본 모음의 결합

한글은 자음과 모음이 합쳐져서 하나의 글자가 됩니다.
글자의 구성 원리를 알고 글자를 학습합니다.

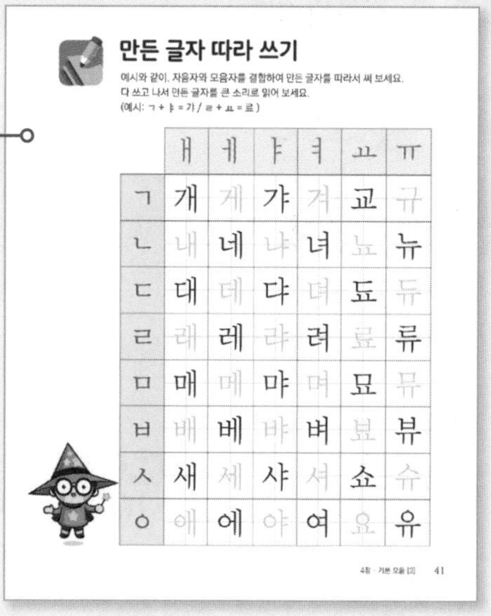

만든 글자 따라 쓰기

예시와 같이, 자음자와 모음자를 결합하여 만든 글자를 따라서 써 보세요.
다 쓰고 나서 만든 글자를 큰 소리로 읽어 보세요.
(예시: ㄱ + ㅑ = 갸 / ㄹ + ㅛ = 료)

	ㅐ	ㅔ	ㅑ	ㅕ	ㅛ	ㅠ
ㄱ	개	게	갸	겨	교	규
ㄴ	내	네	냐	녀	뇨	뉴
ㄷ	대	데	댜	뎌	됴	듀
ㄹ	래	레	랴	려	료	류
ㅁ	매	메	먀	며	묘	뮤
ㅂ	배	베	뱌	벼	뵤	뷰
ㅅ	새	세	샤	셔	쇼	슈
ㅇ	애	에	야	여	요	유

한글 모음부터 학습

인간의 말은 모음이 기본입니다. 글자도 모음부터 학습합니다.
우리말에서 가장 많이 쓰이는 기본 모음부터 학습합니다.

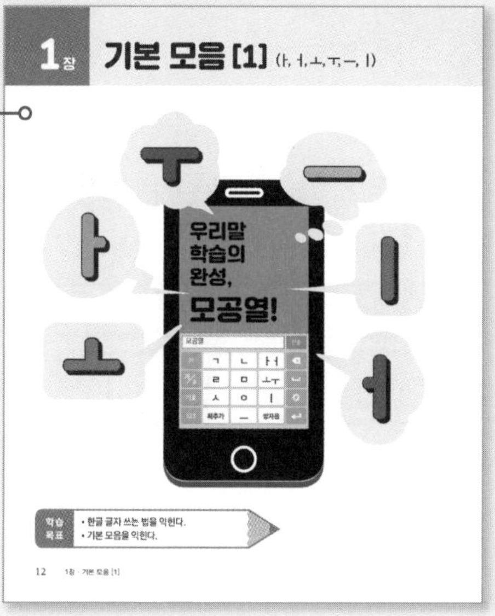

1장 기본 모음 [1] (ㅏ, ㅓ, ㅗ, ㅜ, ㅡ, ㅣ)

학습 목표
- 한글 글자 쓰는 법을 익힌다.
- 기본 모음을 익힌다.

12 1장 · 기본 모음 [1]

기본 받침이 들어간 글자 학습

우리말의 기본 받침
'ㄱ, ㄴ, ㄹ, ㅁ, ㅂ, ㅅ, ㅇ'을
학습합니다. 받아쓰기 대신
글자와 소리의 다름을 배웁니다.

9장 받침 글자 [1-1] (ㄱ, ㄴ, ㄹ, ㅁ, ㅂ, ㅅ, ㅇ)

다음 받침 글자에 색칠을 해 보세요.

학습 목표
- 받침 글자를 익힌다.
- 받침 글자가 들어간 낱말을 혼자서 쓸 수 있다.

12 9장 · 받침 글자 [1-1]

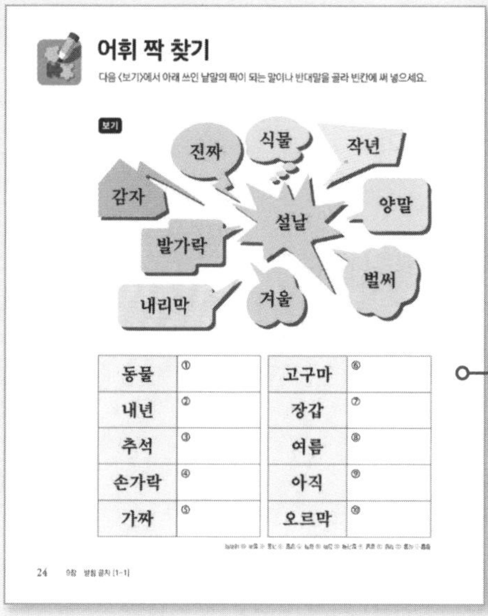

어휘 짝 찾기

다음 <보기>에서 아래 쓰인 낱말의 짝이 되는 말이나 반대말을 골라 빈칸에 써 넣으세요.

동물	①	고구마	⑥
내년	②	장갑	⑦
추석	③	여름	⑧
손가락	④	아직	⑨
가짜	⑤	오르막	⑩

24 9장 · 받침 글자 [1-1]

글자를 배우면서 대립 어휘를 익힙니다.

글자 단계별로 대립 어휘를 배우면서 기본적인 논리적 사고력을 키웁니다. '나/너, 세모/네모, 여기/저기, 아니?/모르니?, 이모/고모, 파리/모기, 가서/와서' 등의 짝이 되는 낱말을 함께 학습합니다.

소리는 같지만 다르게 쓰는 글자 학습

우리말에서 매우 어려운 글자들을 학습합니다. '반드시/반듯이, 어른/얼은, 모기/목이, 무리/물이, 입이/잎이, 업고/엎고/없고, 다쳐서/닫혀서, 갈다/갔다, 부치고/붙이고' 등을 구별하는 학습을 합니다.

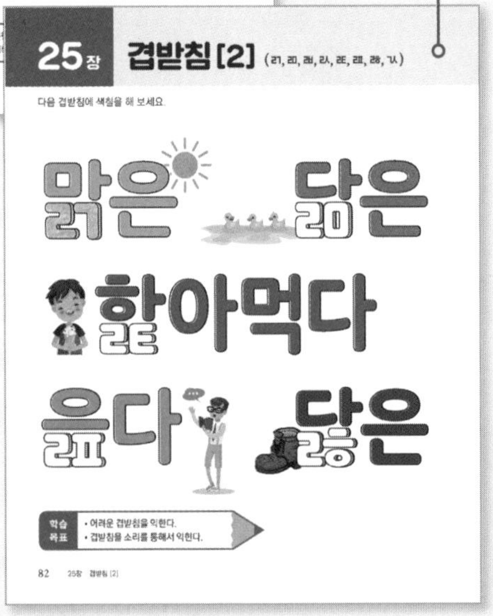

겹받침 학습

우리말에서 가장 어려운 겹받침 글자들을 학습합니다. 겹받침 글자는 '읽어서, 없어서, 얇은, 맑은, 젊은, 흙이, 밟아서'와 같이 뒤에 모음을 넣어서 쉽게 예측할 수 있는 방법으로 배웁니다.

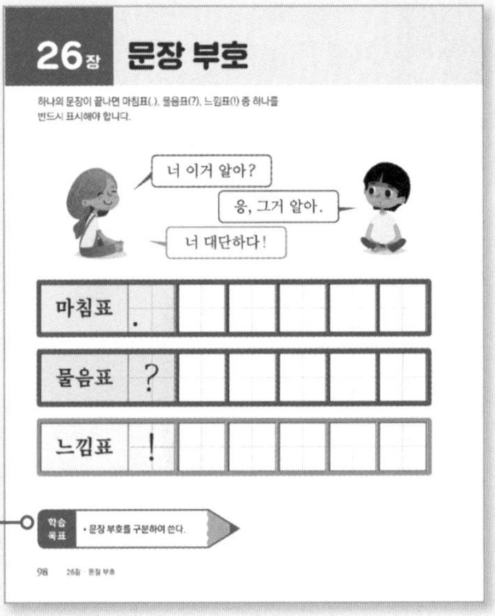

문장 부호, 띄어쓰기, 날말의 순서 학습

문장 쓰기에 필요한 마침표, 물음표, 느낌표의 쓰임을 학습합니다. 문장을 쓸 수 있도록 띄어쓰기와 낱말의 순서를 배웁니다.

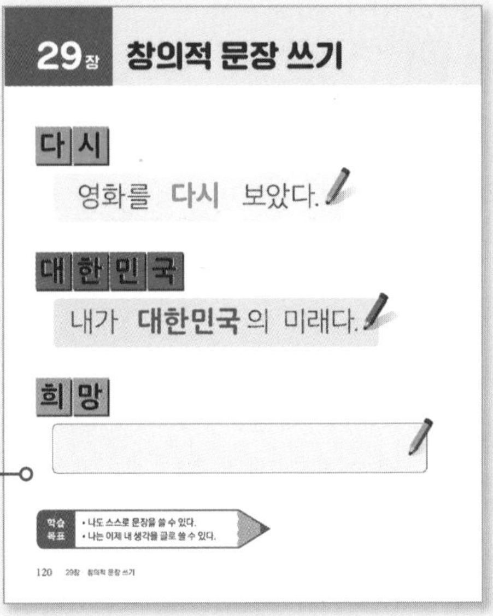

창의적 문장과 글쓰기 학습

글자를 깨우친 기념으로 스스로 문장과 간단한 글을 써 봅니다.

목차

18장. 받침 글자 [2-1] 12
(ㄷ, ㅌ, ㅈ, ㅊ, ㅋ, ㅍ, ㅎ)
19장. 받침 글자 [2-2] 24
(ㄷ, ㅌ, ㅈ, ㅊ, ㅋ, ㅍ, ㅎ)
20장. 받침 글자 복습 [3] 36
21장. 쌍자음 받침과 겹받침 [1] 40
(ㄲ, ㅆ / ㅄ, ㄵ, ㄶ)
22장. 같은 소리 다른 뜻 54
23장. 받침 낱말 복습 64
24장. 받침 심화 학습 68
25장. 겹받침 [2] 82
(ㄺ, ㄻ, ㄼ ㄽ, ㄾ ㄿ, ㅀ, ㄳ)
26장. 문장 부호 98
(.!?)
27장. 띄어쓰기 102
28장. 낱말 순서 맞추기 112
29장. 창의적 문장 쓰기 120
30장. 나도 이제 한글을 깨우쳤어요 126

18장 받침 글자 [2-1] (ㄷ, ㅌ, ㅈ, ㅊ, ㅋ, ㅍ, ㅎ)

다음 받침 글자에 색칠을 해 보세요.

강 같 갖

낭 낱 낮

학습 목표

- 어려운 받침 글자를 익힌다.
- 소리는 같지만 글자가 다른 받침 글자를 구별할 수 있다.

받침 글자 따라 쓰기

배경색이 같은 받침 글자들을 비교해 가면서 따라 써 보세요.

원수를 갚았다	갚	갚	갚	갚
산이 빨갛다	갛	갛	갛	갛
둘이 같다	같	같	같	같
갖고 갔다	갖	갖	갖	갖
꽃이 피었다	꽃	꽃	꽃	꽃
칼을 꽂았다	꽂	꽂	꽂	꽂
낮에 잤다	낮	낮	낮	낮
낱말을 배운다	낱	낱	낱	낱
아이를 낳았다	낳	낳	낳	낳
냄새를 맡았다	맡	맡	맡	맡
맏형	맏	맏	맏	맏
색이 까맣다	맣	맣	맣	맣

그림과 표현 연결하기

그림과 표현을 연결하고 회색 글자를 따라서 써 보세요.
다 쓰고 나면 큰 소리로 읽어 보세요.

색이 빨갛다	어려운 낱말	꽃이 피었다	아이를 낳았다	칼을 꽂는다
낮에는 놀자	키가 같다	갖고 있는 물건	낮은 언덕	맡은 일

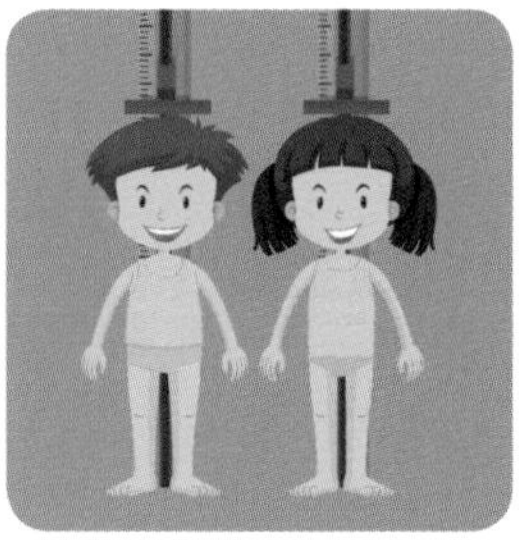

받침 글자 따라 쓰기

다음 표현을 읽고 회색 받침 글자를 따라서 써 보세요.

봄맞이 여행	맞	맞	맞	맞
문을 닫았다	닫	닫	닫	닫
산이 높다	높	높	높	높
너를 믿어	믿	믿	믿	믿
책상 밑에	밑	밑	밑	밑
맡은 일	맡	맡	맡	맡
낯이 안 좋아	낯	낯	낯	낯
돛단배	돛	돛	돛	돛
가방을 놓고	놓	놓	놓	놓
손이 닿는 곳	닿	닿	닿	닿
해가 돋았다	돋	돋	돋	돋
동녘 저편에	녘	녘	녘	녘

그림과 표현 연결하기

그림과 표현을 연결하고 회색 글자를 따라서 써 보세요.
다 쓰고 나면 큰 소리로 읽어 보세요.

문을 닫고	해가 돈았다	닻을 내리고	손이 닿는	좋은 친구
높은 산	맞은 편에	믿는 사람	돛을 달고	봄맞이 대청소

낱말 따라 쓰기

그림을 보고 받침이 들어간 낱말을 큰 소리로 읽고, 따라서 쓰세요.

첫째 날	복습
높다	높다
높다	
높다	

첫째 날	복습
낮다	낮다
낮다	
낮다	

첫째 날	복습
옆에	옆에
옆에	
옆에	

첫째 날	복습
동녘	동녘
동녘	
동녘	

첫째 날	복습
같다	같다
같다	
같다	

첫째 날	복습
묻고	묻고
묻고	
묻고	

첫째 날	복습
꽃밭	꽃밭
꽃밭	
꽃밭	

첫째 날	복습
좋다	좋다
좋다	
좋다	

낱말 따라 쓰기

그림을 보고 받침이 들어간 낱말을 큰 소리로 읽고, 따라서 쓰세요.

첫째 날	복습
짚신	짚신
짚신	
짚신	

첫째 날	복습
밥솥	밥솥
밥솥	
밥솥	

첫째 날	복습
풀잎	풀잎
풀잎	
풀잎	

첫째 날	복습
밑에	밑에
밑에	
밑에	

첫째 날	복습
닫고	닫고
닫고	
닫고	

첫째 날	복습
놓고	놓고
놓고	
놓고	

첫째 날	복습
맏딸	맏딸
맏딸	
맏딸	

첫째 날	복습
낮에	낮에
낮에	
낮에	

어휘 짝 찾기

다음 〈보기〉에서 아래 쓰인 낱말의 짝이 되는 말이나 반대말을 골라 빈칸에 써 넣으세요.

보기

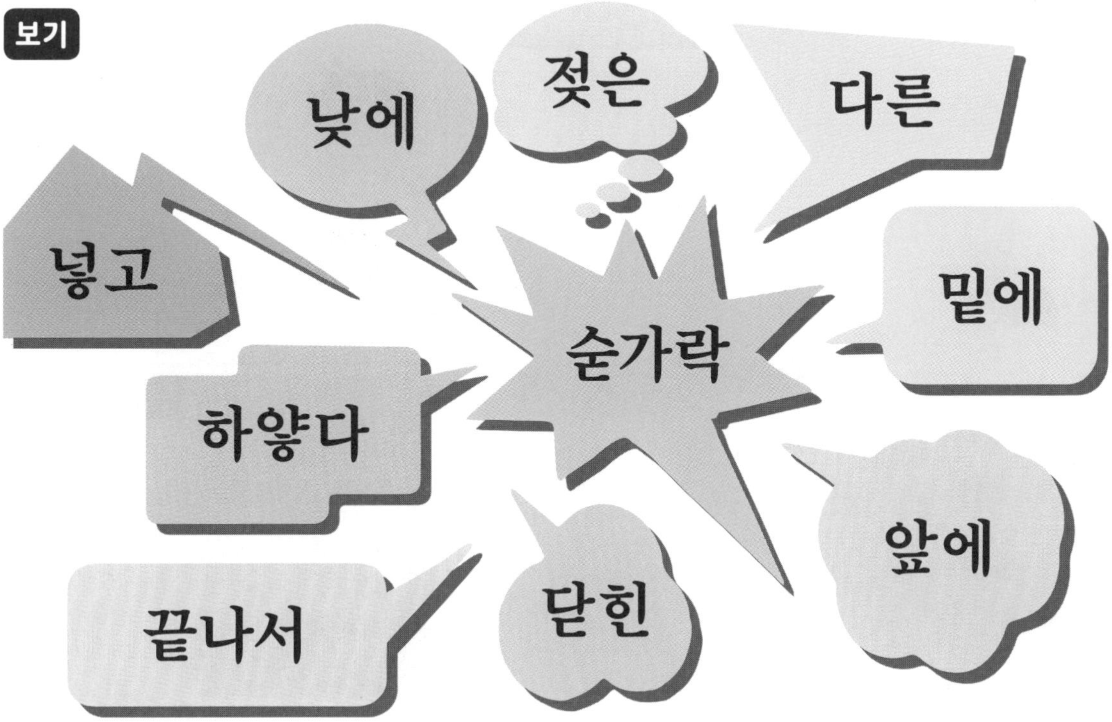

같은	①	까맣다	⑥
위에	②	마른	⑦
시작해서	③	뒤에	⑧
밤에	④	빼고	⑨
열린	⑤	젓가락	⑩

정답 ① 다른 ② 밑에 ③ 끝나서 ④ 낮에 ⑤ 닫힌 ⑥ 하얗다 ⑦ 젖은 ⑧ 앞에 ⑨ 넣고 ⑩ 숟가락

낱말 따라 쓰기

그림을 보고 받침이 들어간 낱말을 큰 소리로 읽고, 따라서 쓰세요.

첫째 날	복습
무릎	무릎
무릎	
무릎	

첫째 날	복습
쌓고	쌓고
쌓고	
쌓고	

첫째 날	복습
넣어서	넣어서
넣어서	
넣어서	

첫째 날	복습
깊다	깊다
깊다	
깊다	

첫째 날	복습
헝겊	헝겊
헝겊	
헝겊	

첫째 날	복습
숯불	숯불
숯불	
숯불	

첫째 날	복습
젖소	젖소
젖소	
젖소	

첫째 날	복습
숟가락	숟가락
숟가락	
숟가락	

이동 수단 표현 익히기

우리는 다양한 교통 수단으로 이동합니다. 문장에 어울리는 낱말을 골라 써 넣으세요.

보기

- 강에서
- 집 앞까지
- 고속 도로를
- 땅속으로
- 하늘을

버스가	①	달립니다.
지하철이	②	다닙니다.
비행기가	③	납니다.
유람선이	④	떠다닙니다.
택시로	⑤	갑니다.

보기

- 유모차에
- 마을버스로
- 자전거로
- 기차는
- 여객선이

바다 위를	⑥	항해합니다.
좁은 골목길도	⑦	갑니다.
가까운 곳에	⑧	갑니다.
철도 위를	⑨	달립니다.
아기가	⑩	타고 있습니다.

정답 ① 고속 도로를 ② 땅속으로 ③ 하늘을 ④ 강에서 ⑤ 집 앞까지 ⑥ 여객선이 ⑦ 자전거로 ⑧ 마을버스로 ⑨ 기차는 ⑩ 유모차에

낱말 만들어 읽고 쓰기

예시와 같이, 올바른 낱말이 되도록 왼쪽과 오른쪽 글자를 연결하고
빈칸에 그 낱말을 써 넣으세요. (예시: **걷** + **다** = 걷다 / **앞** + **산** = 앞산)

왼쪽	오른쪽	따라 쓰기	
돛단	다	걷다	
걷	갛다	빨갛다	
서	배	돛단배	
빨	녘	서녘	

	따라 쓰기	왼쪽	오른쪽
	젓다	젓	렇다
	밥솥	밥	산
	누렇다	누	다
	앞산	앞	솥

낱말 만들어 읽고 쓰기

올바른 낱말이 되도록 왼쪽과 오른쪽 글자를 연결하고 빈칸에 그 낱말을 써 넣으세요.

나뭇	같다	똑같다	
윷	다	묻다	
묻	놀이	윷놀이	
똑	잎	나뭇잎	

	까맣다	까	다
	잊다	잊	맣다
	풀잎	풀	엌
	부엌	부	잎

19장 받침 글자 [2-2] (ㄷ, ㅌ, ㅈ, ㅊ, ㅋ, ㅍ, ㅎ)

다음 받침 글자에 색칠을 해 보세요.

갇 같 낮 낯

닫 닻 꽂 꽃

학습 목표

- 어려운 받침 글자를 익힌다.
- 소리는 같지만 글자가 다른 받침 글자를 구별할 수 있다.

'ㄷ, ㅌ' 받침 글자 써 보기

다음 낱말을 큰 소리로 읽고, 빈칸에 올바르게 써 넣으세요.
소리 나는 대로 쓰지 마세요.

뻗 + 어 = 뻗→더 [뻐더]

		틀린 글자	맞는 글자	써 보기
닫	+아	~~다다~~	닫아	
	+으니	~~다드니~~	닫으니	
	+은	~~다든~~	닫은	
	+아서	~~다다서~~	닫아서	

같 + 아 = 같→타 [가타]

		틀린 글자	맞는 글자	써 보기
겉	+에	~~거테~~	겉에	
	+은	~~거튼~~	겉은	
	+을	~~거틀~~	겉을	
	+으로	~~거트로~~	겉으로	

'ㄷ, ㅌ' 받침 글자 읽고 쓰기

다음 낱말을 큰 소리로 읽고, 빈칸에 올바르게 써 넣으세요.
소리 나는 대로 쓰면 틀립니다.

ㄷ, ㅌ 받침 낱말	따라 쓰기	혼자 쓰기
북돋아	북돋아	
돋아난	돋아난	
여닫아	여닫아	
맏아들	맏아들	
묻어서	묻어서	
뻗어	뻗어	
솥을	솥을	
밭에서	밭에서	
같은	같은	
맡아보는	맡아보는	
팥을	팥을	
밑에	밑에	

'ㅈ, ㅊ' 받침 글자 써 보기

다음 낱말을 큰 소리로 읽고, 빈칸에 올바르게 써 넣으세요.
소리 나는 대로 쓰지 마세요.

잊 + 어 = 잊↗저 [이저]

		틀린 글자	맞는 글자	써 보기
잊	+어	~~이저~~	잊어	
	+으니	~~이즈니~~	잊으니	
	+은	~~이즌~~	잊은	
	+어서	~~이저서~~	잊어서	

찾 + 아 = 찾↗자 [차자]

		틀린 글자	맞는 글자	써 보기
찾	+아	~~차자~~	찾아	
	+으니	~~차즈니~~	찾으니	
	+은	~~차즌~~	찾은	
	+아서	~~차자서~~	찾아서	

'ㅈ, ㅊ' 받침 글자 읽고 쓰기

다음 낱말을 큰 소리로 읽고, 빈칸에 올바르게 써 넣으세요.
소리 나는 대로 쓰면 틀립니다.

ㅈ, ㅊ 받침 낱말	따라 쓰기	혼자 쓰기
찾아서	찾아서	
잊어서	잊어서	
젖은	젖은	
낮아서	낮아서	
달맞이	달맞이	
낮에는	낮에는	
꽃을	꽃을	
쫓아서	쫓아서	
낯을	낯을	
빛이	빛이	
돛을	돛을	
짖어대는	짖어대는	

어휘 짝 찾기

다음 〈보기〉에서 아래 쓰인 낱말의 짝이 되는 말이나 반대말을 골라 빈칸에 써 넣으세요.

보기

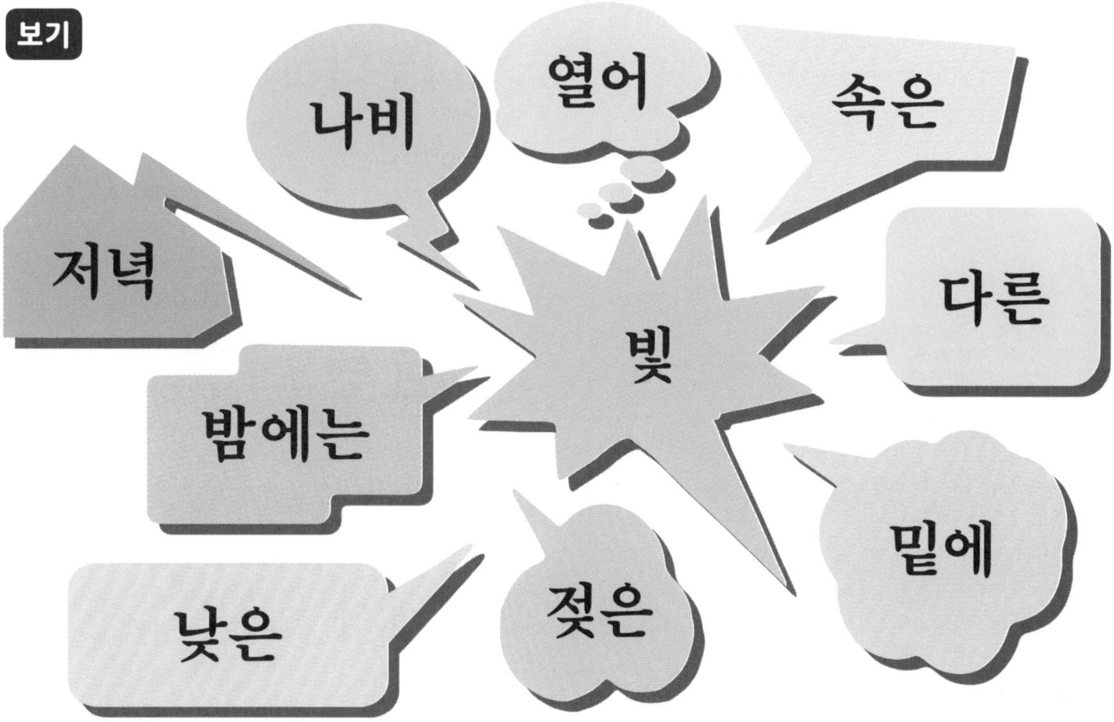

닫아	①	겉은	⑥
같은	②	위에	⑦
마른	③	높은	⑧
낮에는	④	아침	⑨
어둠	⑤	꽃	⑩

정답 ① 열어 ② 다른 ③ 젖은 ④ 밤에는 ⑤ 빛 ⑥ 속은 ⑦ 밑에 ⑧ 낮은 ⑨ 저녁 ⑩ 나비

'ㅋ, ㅍ' 받침 글자 써 보기

다음 낱말을 큰 소리로 읽고, 빈칸에 올바르게 써 넣으세요.
소리 나는 대로 쓰지 마세요.

부엌 + 에 = 부엌↗케 [부어케]

		틀린 글자	맞는 글자	써 보기
부엌	+에	~~부어케~~	부엌에	
	+으로	~~부어크로~~	부엌으로	
	+을	~~부어클~~	부엌을	
	+에서	~~부어케서~~	부엌에서	

잎 + 이 = 잎↗피 [이피]

		틀린 글자	맞는 글자	써 보기
잎	+이	~~이피~~	잎이	
	+으로	~~이프로~~	잎으로	
	+을	~~이플~~	잎을	
	+에서	~~이페서~~	잎에서	

'ㅋ, ㅍ' 받침 글자 읽고 쓰기

다음 낱말을 큰 소리로 읽고, 빈칸에 올바르게 써 넣으세요.
소리 나는 대로 쓰면 틀립니다.

ㅋ, ㅍ 받침 낱말	따라 쓰기	혼자 쓰기
부엌에서	부엌에서	
아침녘에	아침녘에	
새벽녘에	새벽녘에	
동녘으로	동녘으로	
해질녘에	해질녘에	
집 앞에	집 앞에	
잎이	잎이	
무릎을	무릎을	
볏짚으로	볏짚으로	
옆으로	옆으로	
갚아	갚아	
깊은	깊은	

'ㅎ' 받침 글자 써 보기

다음 낱말을 큰 소리로 읽고, 빈칸에 올바르게 써 넣으세요.
소리 나는 대로 쓰지 마세요.

		틀린 글자	맞는 글자	써 보기
좋	+다	~~조타~~	좋다	
	+고	~~조코~~	좋고	
	+게	~~조케~~	좋게	

		틀린 글자	맞는 글자	써 보기
좋	+아	~~조아~~	좋아	
	+으니	~~조으니~~	좋으니	
	+은	~~조은~~	좋은	
	+아서	~~조아서~~	좋아서	

'ㅎ' 받침 글자 읽고 쓰기

다음 낱말을 큰 소리로 읽고, 빈칸에 올바르게 써 넣으세요.
소리 나는 대로 쓰면 틀립니다.

ㅎ 받침 낱말	따라 쓰기	혼자 쓰기
놓고	놓고	
쌓고	쌓고	
좋다	좋다	
낳고	낳고	
하얗게	하얗게	
빨갛다	빨갛다	
놓으면	놓으면	
쌓아서	쌓아서	
좋아서	좋아서	
넣으면	넣으면	
닿아서	닿아서	
넣어라	넣어라	

어려운 받침 글자 연습하기

다음 〈보기〉의 낱말을 큰 소리로 읽고 밑줄에 알맞은 것을 골라 써 보세요.

보기

- 찾으면
- 젖은
- 잎이
- 좋은
- 부엌에서
- 집 앞에

이것은 ① ________ 책이다.
② ________ 모여서 대화를 한다.
보물을 ③ ________ 상을 준다.
④ ________ 옷을 말려서 입어야 한다.
⑤ ________ 떨어져 낙엽이 된다.
⑥ ________ 밥을 먹는다.

보기

- 같은
- 깊은
- 닫는다
- 쌓인
- 꽃이
- 겉은

봄에는 ⑦ ________ 핀다.
빨강과 노랑은 ⑧ ________ 색이 아니다.
일요일에는 가게가 문을 ⑨ ________.
눈이 ⑩ ________ 길을 걷는다.
⑪ ________ 물에 들어가면 위험하다.
호두의 ⑫ ________ 딱딱하다.

정답 ① 좋은 ② 집 앞에 ③ 찾으면 ④ 젖은 ⑤ 잎이 ⑥ 부엌에서 ⑦ 꽃이 ⑧ 같은 ⑨ 닫는다 ⑩ 쌓인 ⑪ 깊은 ⑫ 겉은

좋은 문장 따라 쓰기

다음 문장을 큰 소리로 읽고 따라서 써 보세요.

빛이 어둠을 이긴다.

높이 나는 새가 멀리 본다.

나의 꿈은 이루어질 것이다.

나는 가족과 이웃을 사랑한다.

나는 스스로 내가 할 일을 한다.

기쁨을 나누면 두 배가 된다.

20장 받침 글자 복습 [3]

다음 회색 글자를 따라 쓰고 빈칸을 채우세요.

받침 낱말	따라 쓰기	혼자 쓰기
솥	솥을	솥을
풀잎	풀잎은	
낱말	낱말은	
부엌	부엌에	
찾다	찾아서	
햇빛	햇빛이	
텃밭	텃밭에서	
숲	숲으로	
짖다	짖어	
별에는	별에는	
빛	빛이	
윷놀이	윷놀이	

다음 표현에 어울리는 받침 글자를 골라 쓰세요.

원수를 갑/갚 았다.	갚
문을 ① 닫/닿 았다.	닫
나는 너를 ② 믿/밑 어.	
③ 낫/낯 이 잘 안 들어.	
④ 돗/돛 단배	
손이 안 ⑤ 닫/닿 는 곳	
동⑥ 녁/녘 저편에	
산이 ⑦ 놉/높 다.	
등잔 ⑧ 밎/밑 이 어둡다.	
해가 ⑨ 돋/돛 다.	
⑩ 낮/낯 에는 놀자.	
⑪ 입/잎 사귀	
⑫ 집/짚 신	

정답 ① 닫 ② 믿 ③ 낯 ④ 돛 ⑤ 닿 ⑥ 녘 ⑦ 높 ⑧ 밑 ⑨ 돋 ⑩ 낮 ⑪ 잎 ⑫ 짚

다음 표현에 어울리는 받침 글자를 골라 쓰세요.

원수를 갑/갚 았다.	갚
① 낫/낱 말을 배운다.	낱
아이를 ② 낫/낳 았다.	
그 일을 ③ 맛/맡 았다.	
우리 집 ④ 맏/맡 형	
키가 ⑤ 갇/같 다.	
산이 빨 ⑥ 갓/갛 다.	
칼을 ⑦ 꽂/꽃 았다.	
돈을 ⑧ 갖/같 고 튀었다.	
둘이서 ⑨ 갖/갔 다.	
⑩ 꽂/꽃 다발	
⑪ 낮/낫 은 언덕	
봄 ⑫ 맞/맡 이 여행	

정답 ① 낱 ② 낳 ③ 맡 ④ 맏 ⑤ 같 ⑥ 갛 ⑦ 꽂 ⑧ 갖 ⑨ 갔 ⑩ 꽃 ⑪ 낮 ⑫ 맞

다음 〈보기〉의 낱말을 큰 소리로 읽고 밑줄에 알맞은 것을 골라 써 보세요.

보기

- 닫는다
- 빛이
- 부엌에서
- 나뭇잎이
- 젖은

① ______ 어둠을 이긴다.
② ______ 요리를 한다.
월요일에 도서관은 문을 ③ ______.
④ ______ 양말을 벗어라.
오월에는 ⑤ ______ 푸르다.

보기

- 무릎을
- 팥죽을
- 겉은
- 넣어라
- 달맞이

동지에는 ⑥ ______ 먹는다.
⑦ ______ 곧게 펴야 한다.
대보름에 ⑧ ______ 가자.
호두의 ⑨ ______ 딱딱하다.
꺼낸 공을 다시 주머니에 ⑩ ______.

정답 ① 빛이 ② 부엌에서 ③ 닫는다 ④ 젖은 ⑤ 나뭇잎이 ⑥ 팥죽을 ⑦ 무릎을 ⑧ 달맞이 ⑨ 겉은 ⑩ 넣어라

21장 쌍자음 받침과 겹받침 [1]

(ㄲ, ㅆ / ㅄ, ㄵ, ㄶ)

이제 [ㄱ]과 [ㅅ]을 겹쳐 쓴 쌍기역(ㄲ)과 쌍시옷(ㅆ) 받침, 그리고 두 개의 자음을 합쳐서 쓴 겹받침을 학습합니다. 다음 쌍자음 받침과 겹받침에 색칠을 해 보세요.

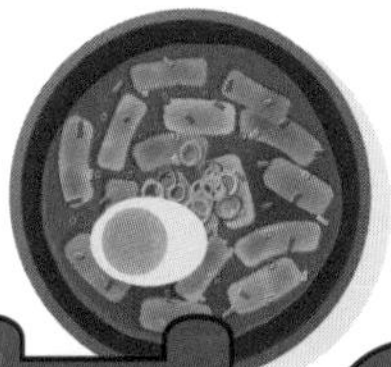

떡볶이 잡았다

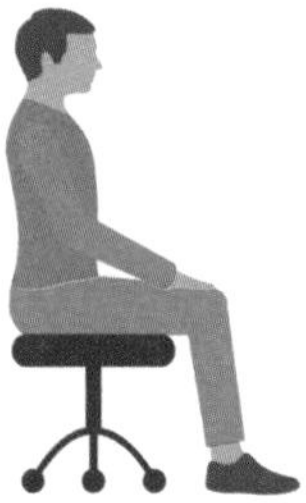

앉다 가엾다

많은 친구

학습 목표	
	▪ 쌍자음 받침과 겹받침으로 된 글자를 익힌다. ▪ 쌍자음 받침과 겹받침이 연음되어 쓰인 낱말을 올바른 글자로 쓸 수 있다.

[ㄲ, ㅆ] 받침 글자 따라 쓰기

다음 표현을 큰 소리로 읽고, 회색 받침 글자를 따라서 써 보세요.

밖에서 논다	밖	밖	밖	밖
떡볶이를 먹다	볶	볶	볶	볶
꽃을 꺾었다	꺾	꺾	꺾	꺾
낚시를 갔다	낚	낚	낚	낚
구두를 닦았다	닦	닦	닦	닦
손을 묶었다	묶	묶	묶	묶
여기 있다	있	있	있	있
고기를 잡았다	았	았	았	았
밥을 먹었다	었	었	었	었
놀러 나갔다	갔	갔	갔	갔
친구가 왔다	왔	왔	왔	왔
물건을 버렸다	렸	렸	렸	렸

그림과 표현 연결하기

그림과 표현을 연결하고 회색 글자를 따라서 써 보세요.
다 쓰고 나면 큰 소리로 읽어 보세요.

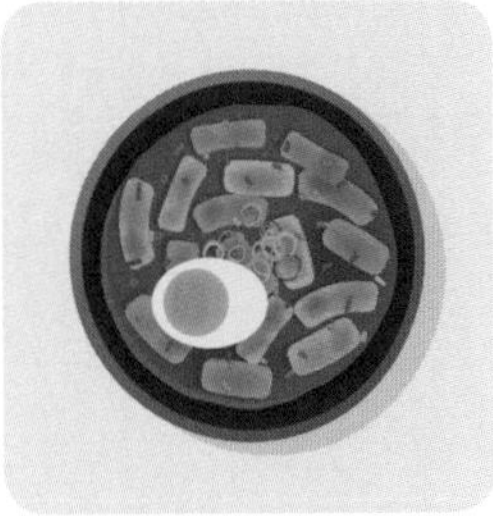

떡볶이	낚시꾼	꺾은 꽃	닦은 구두	책이 있다
엄마가 왔다	눈물이 났다	집을 나갔다	콩을 섞은 밥	고기를 잡았다

[ㄲ, ㅆ] 받침 글자 써 보기

다음 낱말을 큰 소리로 읽고, 빈칸에 올바르게 써 넣으세요.
소리 나는 대로 쓰지 마세요.

꺾 + 어 = 꺾↗꺼 [꺼꺼]

		틀린 글자	맞는 글자	써 보기
꺾	+ 어서	~~꺼꺼서~~	꺾어서	
	+ 은	~~꺼끈~~	꺾은	
	+ 을	~~꺼끌~~	꺾을	
	+ 이고	~~꺼끼고~~	꺾이고	

있 + 어 = 있↗써 [이써]

		틀린 글자	맞는 글자	써 보기
있	+ 어	~~이써~~	있어	
	+ 으니	~~이쓰니~~	있으니	
	+ 을	~~이쓸~~	있을	
	+ 어서	~~이써서~~	있어서	

받침 글자 읽고 쓰기

다음 낱말을 큰 소리로 읽고, 빈칸에 올바르게 써 넣으세요.
소리 나는 대로 쓰면 틀립니다.

받침 낱말	따라 쓰기	혼자 쓰기
밖에서	밖에서	
묶이다	묶이다	
낚아서	낚아서	
구두닦이	구두닦이	
섞어찌개	섞어찌개	섞어찌개
엮은이	엮은이	엮은이
샀어요	샀어요	
갔어요	갔어요	
잤어요	잤어요	
탔어요	탔어요	탔어요
왔어요	왔어요	
했어요	했어요	

[ㅄ, ㄵ, ㄶ] 받침 글자 따라 쓰기

다음 표현을 큰 소리로 읽고, 회색 받침 글자를 따라서 써 보세요.

책이 없다	없	없	없	없
참 가엾다	엾	엾	엾	엾
값이 비싸다	값	값	값	값
의자에 앉았다	앉	앉	앉	앉
얹어 놓았다	얹	얹	얹	얹
사과가 많다	많	많	많	많
먹지 않았다	않	않	않	않
줄을 끊었다	끊	끊	끊	끊
나는 괜찮다	찮	찮	찮	찮
네가 했잖아	잖	잖	잖	잖

그림과 표현 연결하기

그림과 표현을 연결하고 회색 글자를 따라서 써 보세요.
다 쓰고 나면 큰 소리로 읽어 보세요.

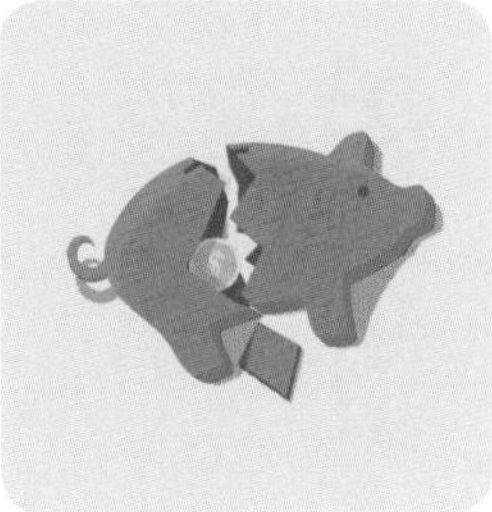

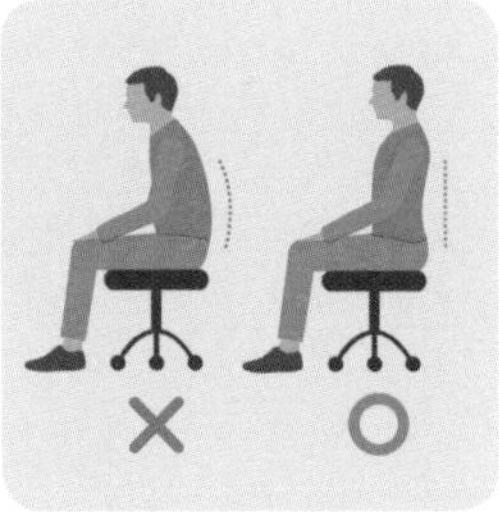

없어진 돈	가엾은 개	값이 비싼	앉은 자세	손을 얹어서
많은 친구	나는 괜찮아	먹지 않은	끊어진 줄	공부 했잖아

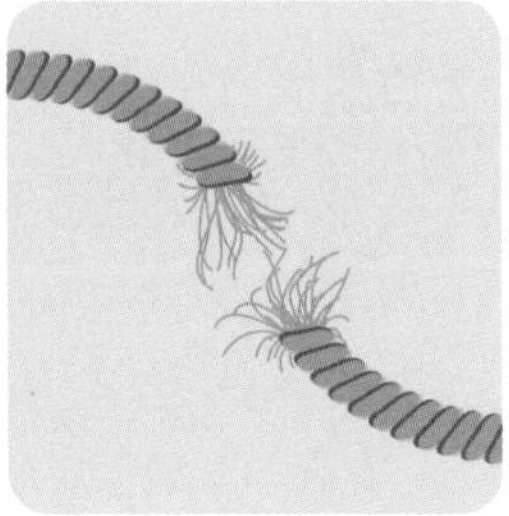

[ㅄ, ㄵ, ㄶ] 받침 글자 읽고 쓰기

다음 낱말을 큰 소리로 읽고, 빈칸에 올바르게 써 넣으세요.
소리 나는 대로 쓰면 틀립니다.

ㅄ, ㄵ, ㄶ 받침 낱말	따라 쓰기	혼자 쓰기
값이	값이	
값을	값을	
가엾은	가엾은	가엾은
없어서	없어서	
없으니	없으니	
얹어	얹어	얹어
앉아서	앉아서	
앉으니	앉으니	
많고	많고	많고
괜찮다	괜찮다	
끊고	끊고	
않고	않고	않고

[ㅄ, ㄵ, ㄶ] 받침 글자 읽고 쓰기

다음 낱말을 큰 소리로 읽고, 빈칸에 올바르게 써 넣으세요.
소리 나는 대로 쓰면 틀립니다.

ㅄ, ㄵ, ㄶ 받침 낱말	따라 쓰기	혼자 쓰기
많아서	많아서	
점잖아서	점잖아서	
편찮아서	편찮아서	
않아서	않아서	않아서
끊어서	끊어서	
괜찮은	괜찮은	
귀찮은	귀찮은	
먹잖아	먹잖아	먹잖아
많이	많이	
끊긴	끊긴	
귀찮아	귀찮아	
끊임없이	끊임없이	

표현 완성하기

다음 〈보기〉의 낱말을 큰 소리로 읽고 밑줄에 알맞은 것을 골라 써 보세요.

보기

많은 / 없어서 / 얹었다 / 앉아서 / 값을 / 않고

머리에 손을 ① ________.
의자에 ② ________ 밥을 먹었다.
꽤 ③ ________ 사람들이 모였다.
집에 가지 ④ ________ 공원에서 놀았다.
돈이 ⑤ ________ 걸어가야 했다.
⑥ ________ 내고 물건을 사야 한다.

보기

끊어져서 / 가엾은 / 많았다 / 않아서 / 없는 / 괜찮았다

집이 ⑦ ________ 아이
방에서 넘어졌지만 나는 ⑧ ________.
다리가 ⑨ ________ 강을 건널 수 없었다.
놀이 공원에 사람이 ⑩ ________.
쉬지 ⑪ ________ 정말 피곤하다.
착한 어른이 ⑫ ________ 아이를 돌본다.

정답 ① 얹었다 ② 앉아서 ③ 많은 ④ 않고 ⑤ 없어서 ⑥ 값을 ⑦ 없는 ⑧ 괜찮았다 ⑨ 끊어져서 ⑩ 많았다 ⑪ 않아서 ⑫ 가엾은

어휘 짝 찾기

다음 〈보기〉에서 아래 쓰인 낱말의 짝이 되는 말이나 반대말을 골라 빈칸에 써 넣으세요.

보기

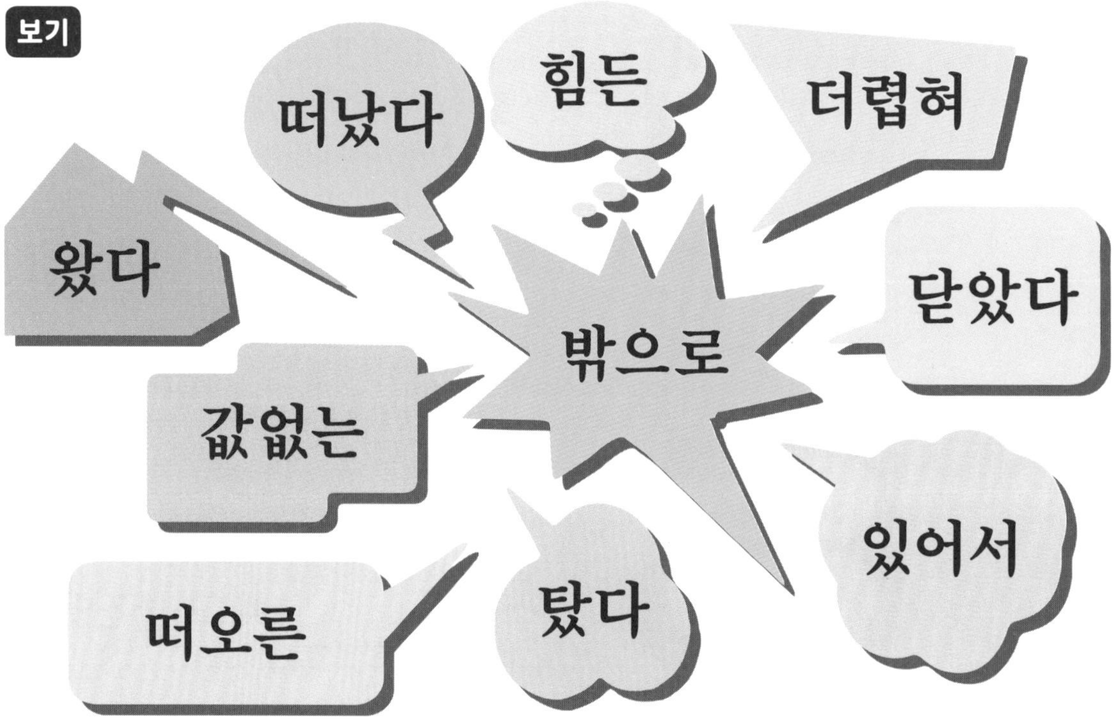

없어서	①	내렸다	⑥
갔다	②	쉬운	⑦
열었다	③	안으로	⑧
도착했다	④	값있는	⑨
가라앉은	⑤	닦아	⑩

정답 ① 있어서 ② 왔다 ③ 닫았다 ④ 떠났다 ⑤ 떠오른 ⑥ 탔다 ⑦ 힘든 ⑧ 밖으로 ⑨ 값없는 ⑩ 더럽혀

쌍자음 받침과 겹받침 연습하기

다음 〈보기〉의 낱말을 큰 소리로 읽고 밑줄에 알맞은 것을 골라 써 보세요.

보기

- 깎아서
- 낚시
- 닦아야
- 떡볶이
- 묶음을
- 밖으로

방과 후에, ① ______________ 를 사 먹었다.
아빠랑 ② ______________ 를 갔다.
친구를 만나러 ③ ______________ 나갔다.
책 한 ④ ______________ 샀다.
식사 후 이를 ⑤ ______________ 한다.
나무를 ⑥ ______________ 팽이를 만들었다.

보기

- 값을
- 귀찮은
- 끊임없이
- 쌌다
- 수많은
- 앉아서

⑦ ______________ 좀 쉬어라.
도서관에 가려고 가방을 ⑧ ______________.
⑨ ______________ 노력해서 성공했다.
옷을 사고 ⑩ ______________ 지급했다.
그것은 ⑪ ______________ 일이다.
공연에 ⑫ ______________ 사람들이 참가했다.

정답 ① 떡볶이 ② 낚시 ③ 밖으로 ④ 묶음을 ⑤ 닦아야 ⑥ 깎아서 ⑦ 앉아서 ⑧ 쌌다 ⑨ 끊임없이 ⑩ 값을 ⑪ 귀찮은 ⑫ 수많은

육하원칙 표현 익히기

문장에 어울리는 낱말을 골라 써 넣으세요.

보기

- 누가
- 무엇을
- 어디에서
- 언제
- 어떻게
- 왜

①	회의가	열렸나요? (시간)
②	회의가	열렸나요? (장소)
③	회의에	참석했나요? (사람)
④	회의에서	얘기했나요? (대상)
⑤	회의가	진행됐나요? (행위)
⑥	회의를	했나요? (목적)

손가락 이름 표현 익히기

다섯 개 손가락을 부르는 말이 따로 있습니다. 문장에 어울리는 낱말을 골라 써 넣으세요.

보기

- 새끼손가락
- 약지
- 엄지
- 중지
- 집게손가락

물건을 집는 둘째 손가락이	⑦	입니다.
가장 굵은 첫째 손가락이	⑧	입니다.
가장 작은 다섯째 손가락이	⑨	입니다.
반지를 끼는 넷째 손가락이	⑩	입니다.
가장 긴 가운데 손가락이	⑪	입니다.

정답 ① 언제 ② 어디에서 ③ 누가 ④ 무엇을 ⑤ 어떻게 ⑥ 왜 / ⑦ 집게손가락 ⑧ 엄지 ⑨ 새끼손가락 ⑩ 약지 ⑪ 중지

어려운 받침 글자 연습하기

다음 〈보기〉의 낱말을 큰 소리로 읽고 밑줄에 알맞은 것을 골라 써 보세요.

보기

- 옆으로
- 닫아라
- 잎이
- 깊은
- 하얗게
- 무릎을

가을에 ① ________ 빨갛게 물든다.
짝꿍이 내 ② ________ 온다.
③ ________ 구부리지 마세요.
바람이 부니 창문을 ④ ________.
시냇물이지만 ⑤ ________ 편이다.
눈이 내리면 세상이 ⑥ ________ 변한다.

보기

- 잊어버려라
- 파묻는다
- 싶은
- 찢어
- 빛이
- 좋아하는

⑦ ________ 들어와서 눈이 부시다.
귀중한 돈을 ⑧ ________ 버리다니!
그 일은 이제 그만 ⑨ ________!
아버지는 김장독을 땅에 ⑩ ________.
자신이 하고 ⑪ ________ 말을 쓰세요.
내가 ⑫ ________ 색은 파랑이다.

정답 ① 잎이 ② 옆으로 ③ 무릎을 ④ 닫아라 ⑤ 깊은 ⑥ 하얗게 ⑦ 빛이 ⑧ 찢어 ⑨ 잊어버려라 ⑩ 파묻는다 ⑪ 싶은 ⑫ 좋아하는

22장 같은 소리 다른 뜻

다쳐서 | 닫혀서

업고 | 엎고

바친 | 받힌

학습 목표
- 소리는 같지만 뜻이 다른 말을 구분한다.
- 소리는 같지만 뜻이 다른 낱말을 정확하게 쓸 수 있다.

같은 소리 다른 뜻

소리는 같지만 뜻이 다른 말입니다. 그림을 보면서 회색 글자를 따라서 쓰고 큰 소리로 읽어 보세요.

	이따가	있다가	
	조금 이따가 올 거야.	여기 있다가 갔어.	

	다쳐서	닫혀서	
	손을 다쳐서	문이 닫혀서	

	바친	받힌	
	왕에게 바친 선물	소에 받힌 사람이	

업고	친구를 업고 걸었다.	
없고	사람은 없고 먼지만 있다.	
엎고	콜라도 엎고 과자도 엎었다.	

일상생활 표현 익히기

일상생활을 할 때 여러 물건을 사용하는 표현이 있습니다.
문장에 어울리는 낱말을 〈보기〉에서 골라 써 넣으세요.

보기 걸었다 | 멨다 | 신었다 | 썼다

운동화를	① .	목걸이를	③ .
모자를	② .	가방을	④ .

보기 낀다 | 맨다 | 입는다 | 쓴다

옷을	⑤ .	반지를	⑦ .
마스크를	⑥ .	신발끈을	⑧ .

보기 걸쳤다 | 꼈다 | 찼다 | 신었다

장갑을	⑨ .	외투를	⑪ .
혁대를	⑩ .	양말을	⑫ .

정답 ① 신었다 ② 썼다 ③ 걸었다 ④ 멨다 / ⑤ 입는다 ⑥ 쓴다 ⑦ 낀다 ⑧ 맨다 / ⑨ 꼈다 ⑩ 찼다 ⑪ 걸쳤다 ⑫ 신었다

같은 소리 다른 뜻

소리는 같지만 뜻이 다른 말입니다. 그림을 보면서 회색 글자를 따라서 쓰고 큰 소리로 읽어 보세요.

맡고	이 일도 맡고 저 일도 맡았다.	
맞고	이것도 맞고 저것도 맞다.	
같다	나와 동생은 앉은키가 같다.	
갔다	어제 유치원에 갔다.	
낫다	우유가 주스보다 낫다.	
났다	교통 사고가 났다.	
낮다	저 산은 높이가 낮다.	

같은 소리 다른 뜻

소리는 같지만 뜻이 다른 말입니다. 그림을 보면서 회색 글자를 따라서 쓰고 큰 소리로 읽어 보세요.

부치고	편지를 부치고	
붙이고	우표를 붙이고	
가치	돈의 가치	
같이	같이 가자	
마지	존경해 마지 않는 사람	
맏이	우리 집 맏이가 태어났다.	

문장 완성하기

다음 〈보기〉의 낱말을 큰 소리로 읽고 밑줄에 알맞은 것을 골라 써 보세요.

보기

짖어 / 맡아 / 싶은 / 꽃이 / 솟아올랐다 / 덮어라

추우니까 이불을 ① ________.
② ________ 피고 새가 운다.
태양이 수평선 위로 ③ ________.
사나운 개가 ④ ________ 댄다.
고양이가 냄새를 ⑤ ________ 본다.
하고 ⑥ ________ 놀이를 해라.

보기

깊다 / 부엌에서 / 좋다고 / 새벽녘이 / 낳았다 / 끝장을

⑦ ________ 되어서야 부산에 도착했다.
엄마는 ⑦ ________ 일한다.
어미 소가 송아지를 ⑩ ________.
마음을 굳게 먹고 이번에는 ⑩ ________ 내라.
이 웅덩이는 보기보다 꽤 ⑩ ________.
좋으면 ⑩ ________ 말을 해라.

정답 ① 덮어라 ② 꽃이 ③ 솟아올랐다 ④ 짖어 ⑤ 맡아 ⑥ 싶은 ⑦ 새벽녘이 ⑧ 부엌에서 ⑨ 낳았다 ⑩ 끝장을 ⑪ 깊다 ⑫ 좋다고

낱말 따라 쓰기

그림을 보고 받침이 들어간 낱말을 큰 소리로 읽고, 따라서 쓰세요.

첫째 날	복습
찾아서	찾아서
찾아서	
찾아서	

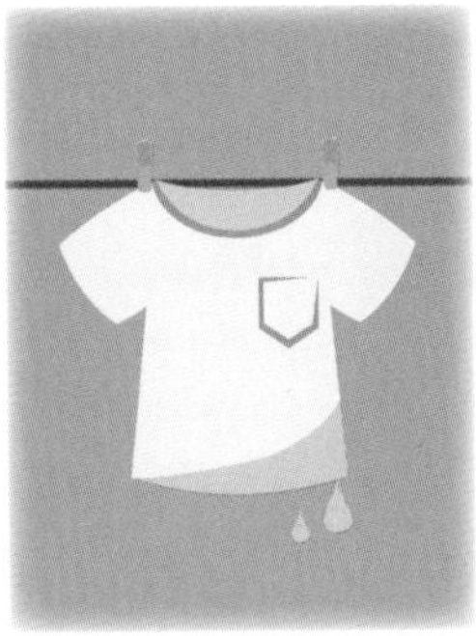

첫째 날	복습
젖은	젖은
젖은	
젖은	

첫째 날	복습
잊고	잊고
잊고	
잊고	

첫째 날	복습
믿음	믿음
믿음	
믿음	

첫째 날	복습
봄맞이	봄맞이
봄맞이	
봄맞이	

첫째 날	복습
맡아서	맡아서
맡아서	
맡아서	

첫째 날	복습
까맣다	까맣다
까맣다	
까맣다	

첫째 날	복습
걷다가	걷다가
걷다가	
걷다가	

어휘 짝 찾기

다음 〈보기〉에서 아래 쓰인 낱말의 짝이 되는 말이나 반대말을 골라 빈칸에 써 넣으세요.

보기

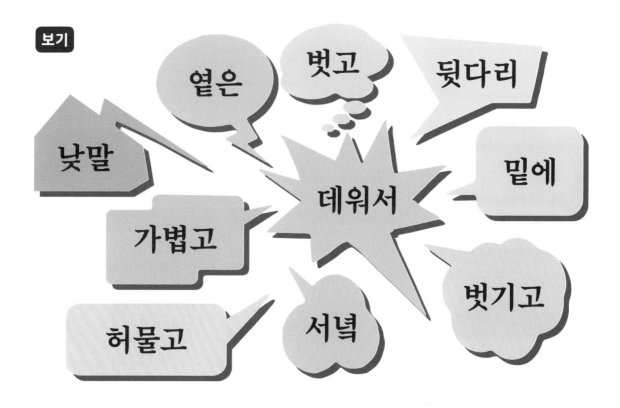

열은　벗고　뒷다리　낮말　밑에　데워서　가볍고　벗기고　허물고　서녘

무겁고	①	밤말	⑥
입고	②	앞다리	⑦
덮고	③	동녘	⑧
위에	④	짙은	⑨
식혀서	⑤	쌓고	⑩

정답 ① 가볍고 ② 벗고 ③ 벗기고 ④ 밑에 ⑤ 데워서 ⑥ 낮말 ⑦ 뒷다리 ⑧ 서녘 ⑨ 옅은 ⑩ 허물고

방향 표현 익히기

문장에 어울리는 낱말을 〈보기〉에서 골라 써 넣으세요.

보기

- 동쪽에서
- 북쪽에
- 서쪽으로
- 남쪽에

북극곰은	①	삽니다.
제주도는	②	있는 섬입니다.
해는	③	떠오릅니다.
해는	④	집니다.

보기

- 뒤에서
- 아래로
- 앞에
- 옆에
- 오른쪽으로
- 왼손으로
- 위에

기름은 물	⑤	뜹니다.
물은 위에서	⑥	흐릅니다.
시계 바늘은	⑦	돕니다.
왼손잡이는	⑧	글씨를 씁니다.
짝꿍이	⑨	앉아 있습니다.
눈	⑩	산이 보입니다.
바람이 등	⑪	불어옵니다.

정답 ① 북쪽에 ② 남쪽에 ③ 동쪽에서 ④ 서쪽으로 ⑤ 위에 ⑥ 아래로 ⑦ 오른쪽으로 ⑧ 왼손으로 ⑨ 옆에 ⑩ 앞에 ⑪ 뒤에서

문장 읽고 낱말 쓰기

다음 문장을 큰 소리로 읽고 밑줄 친 부분을 써 보세요.

두 낱말을 비교해 보자.	낱말을
가을에 나뭇잎이 떨어진다.	
낮에 너무 더웠다.	
집에 같이 가자.	
네잎클로버는 행운을 뜻한다.	
편지 봉투에 우표를 붙이세요.	
엄마 생일에 꽃다발을 선물했다.	꽃다발을
우리 집 주변에는 숲이 많다.	
늙으면, 무릎이 아프다.	
헝겊으로 담요를 만들었다.	
고모는 꽃꽂이가 취미다.	
텃밭에 여러 채소가 자란다.	

23장 받침 낱말 복습

다음 〈보기〉의 낱말을 큰 소리로 읽고 밑줄에 알맞은 것을 골라 써 보세요.

보기

- 돋아난다
- 같다
- 잊어버렸다
- 봄맞이
- 빨갛다

잘 익은 수박은 속이 ① ________.
나와 친구는 몸무게가 ② ________.
나는 또 내가 한 약속을 ③ ________.
봄이 와서 오전에 ④ ________ 대청소를 했다.
봄에는 새싹이 ⑤ ________.

보기

- 은행잎
- 팥빙수
- 빚은
- 젖은
- 곶감

다른 사람에게 진 ⑥ ________ 갚아야 한다.
감을 말려서 만든 ⑦ ________은 정말 맛있다.
⑧ ________ 옷은 벗어서 말려라.
더워서 ⑨ ________를 사 먹었다.
은행과 ⑩ ________이 떨어져서 길이 지저분하다.

정답 ① 빨갛다 ② 같다 ③ 잊어버렸다 ④ 봄맞이 ⑤ 돋아난다 ⑥ 빚은 ⑦ 곶감 ⑧ 젖은 ⑨ 팥빙수 ⑩ 은행잎

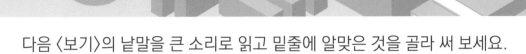

다음 〈보기〉의 낱말을 큰 소리로 읽고 밑줄에 알맞은 것을 골라 써 보세요.

보기

깊다 / 나뭇잎 / 낳았다 / 옆구리 / 좋다

나는 네가 정말 ① ________.
강보다 바다가 더 ② ________.
봄이 되니, ③ ________이 많아졌다.
아침부터 갑자기 ④ ________가 아프다.
이모가 어제 병원에서 아이를 ⑤ ________.

보기

낮은 / 낮말은 / 벚꽃이 / 숯불에 / 하얗게

눈이 내려서 온 세상이 ⑥ ________ 변했다.
⑦ ________ 새가 듣고 밤말은 쥐가 듣는다.
대공원에 갔더니 ⑧ ________ 활짝 피어 있었다.
삼겹살을 ⑨ ________ 구우면 더 맛있다.
⑩ ________ 산보다 높은 산에 오르기가 어렵다.

정답 ① 좋다 ② 깊다 ③ 나뭇잎 ④ 옆구리 ⑤ 낳았다 ⑥ 하얗게 ⑦ 낮말은 ⑧ 벚꽃이 ⑨ 숯불에 ⑩ 낮은

다음 〈보기〉의 낱말을 큰 소리로 읽고 밑줄에 알맞은 것을 골라 써 보세요.

보기

- 꽃다발을
- 묻었다
- 햇빛이
- 떡볶이를
- 끝장을

보물찾기를 하려고 쪽지를 땅에 ① ________.
엄마에게 생일날 ② ________ 선물했다.
사람들은 매운 ③ ________ 더 좋아한다.
마음을 굳게 먹고 이번에는 ④ ________ 내라.
⑤ ________ 방에 가득 들어왔다.

보기

- 같이
- 뜻을
- 붙이세요
- 익혀서
- 윷놀이를

돼지고기는 잘 ⑥ ________ 먹어야 한다.
낱말은 ⑦ ________ 잘 알고 써야 한다.
영화를 보러 친구와 ⑧ ________ 갔다.
설날에 온 가족이 모여 ⑨ ________ 했다.
편지 봉투에 우표를 ⑩ ________.

정답 ① 묻었다 ② 꽃다발을 ③ 떡볶이를 ④ 끝장을 ⑤ 햇빛이 ⑥ 익혀서 ⑦ 뜻을 ⑧ 같이 ⑨ 윷놀이를 ⑩ 붙이세요

다음 빈칸에 해당 번호의 낱말을 써서 퍼즐을 완성해 보세요.

가로

① 돛단배
② 지금
③ 강아지
④ 앞산
⑤ 꽃다발
⑥ 레스토랑
⑦ 보름달
⑧ 책꽂이
⑨ 괜찮다

세로

① 단무지
② 금강산
③ 지도
④ 앞서다
⑤ 발레
⑦ 달맞이
⑨ 귀찮다

24장 받침 심화 학습

입 | 잎

덥 | 덮

숯 | 숫

숫자

12345…

학습 목표

- 비슷하지만 서로 다른 뜻을 가진 낱말의 글자를 구분한다.
- 비슷하지만 서로 다른 뜻을 가진 낱말을 올바르게 쓴다.

비슷하지만 서로 다른 뜻을 가진 낱말

비슷하지만 서로 다른 뜻을 가진 낱말을 비교해 보고 밑줄 친 회색 글자를 따라서 써 보세요.

입	입으로 밥을 먹는다.	
잎	나무에서 잎이 떨어졌다.	
없	돈이 없어서 과자를 사 먹지 못했다.	
업	엄마가 아기를 업어서 재운다.	
엎	물을 엎어서 책상이 흠뻑 젖었다.	
덥	날씨가 덥다.	
덮	이불을 덮었다.	

비슷하지만 서로 다른 뜻을 가진 낱말

비슷하지만 서로 다른 뜻을 가진 낱말을 비교해 보고 밑줄 친 회색 글자를 따라서 써 보세요.

갚	부모의 원수를 갚았다.	
값	과자 값이 정말 비싸다.	
십	길에서 십 원짜리 동전을 주웠다.	
싶	또 가고 싶은 동물원	
집	나는 집에서 책을 본다.	
짚	논에 볏짚이 남아 있다.	

올바른 글자 고르기

다음 괄호 안에 있는 글자에서 올바른 글자에 동그라미를 치세요.

원수를 ①(갑/값/갚)아 달라는 말을 남겼다.
이 물건 ②(갑/값/갚)은 얼마입니까?
③(십/싶) 원으로 무엇을 살 수 있을까?
하고 ④(십/싶)은 일을 해라.
오늘 단 한 번도 ⑤(집/짚)에서 나가지 않았다.
허수아비가 밀⑥(집/짚)모자를 쓰고 있다.

다음 괄호 안에 있는 글자에서 올바른 글자에 동그라미를 치세요.

저 푸른 나뭇⑦(입/잎)을 보라.
⑧(입/잎)에서 짜장면 냄새가 난다.
등에 ⑨(업/없/엎)지 말고 앞으로 안아 주세요.
석유가 ⑩(업/없/엎)어서 버스 운행을 못 한다.
음식을 ⑪(업/없/엎)어서 옷을 버렸다.
날씨가 ⑫(덥/덮)고 바람도 없다.
이불을 ⑬(덥/덮)으니 춥지 않다.

정답 ①갚 ②값 ③십 ④싶 ⑤집 ⑥짚 ⑦잎 ⑧입 ⑨업 ⑩없 ⑪엎 ⑫덥 ⑬덮

비슷하지만 서로 다른 뜻을 가진 낱말

비슷하지만 서로 다른 뜻을 가진 낱말을 비교해 보고 밑줄 친 회색 글자를 따라서 써 보세요.

찻	찻 잔이 떨어져서 깨졌다.	
찾	보물을 찾 아서 떠났다.	
숫	숫 양이 뛰어다닌다.	
숯	숯 은 까맣다.	
잣	나는 잣 을 좋아한다.	
잤	잠이 와서 잤 어요.	

비슷하지만 서로 다른 뜻을 가진 낱말

비슷하지만 서로 다른 뜻을 가진 낱말을 비교해 보고 밑줄 친 회색 글자를 따라서 써 보세요.

꽃	봄에는 꽃 이 핀다.	
꽂	빨대를 꽂 아서 주스를 마신다.	
잇	더 이상 말을 잇 지 못했다.	
잊	어제 한 약속을 깜빡 잊 었다.	
있	시간이 있 어서 게임을 했다.	
빗	빗 으로 머리를 빗는다.	
빚	다른 사람에게 빚 이 많다.	
빛	불 빛 이 반짝반짝 빛난다.	

올바른 글자 고르기

다음 괄호 안에 있는 글자에서 올바른 글자에 동그라미를 치세요.

수컷 양을 ①(숫/숮)양이라 한다.
②(숫/숯)이 얼굴에 묻었다.
③(찻/찾)잔에 물이 가득하다.
이 문제의 답을 ④(찻/찾)아 봅시다.
다람쥐가 ⑤(잣/잤)을 물고 달아났다.
나는 지난 밤에 실컷 ⑥(잣/잤)어.

다음 괄호 안에 있는 글자에서 올바른 글자에 동그라미를 치세요.

내가 한 약속을 ⑦(잇/있/잊)었다.
여기 ⑧(잇/있/잊)으니 마음이 놓인다.
말을 ⑨(잇/있/잊)지 못하고 울기만 한다.
⑩(꽂/꽃)이 아름답게 피었다.
책⑪(꽂/꽃)이에 책을 가져다 놓아라.
머리를 ⑫(빗/빚/빛)어 넘겼다.
다른 사람에게 진 ⑬(빗/빚/빛)은 꼭 갚아야 한다.
봄날 햇⑭(빗/빚/빛)은 따스하다.

정답 ①숫 ②숯 ③찻 ④찾 ⑤잣 ⑥잤 ⑦잊 ⑧있 ⑨잇 ⑩꽃 ⑪꽂 ⑫빗 ⑬빚 ⑭빛

어휘 짝 찾기

다음 〈보기〉에서 아래 쓰인 낱말의 짝이 되는 말이나 반대말을 골라 빈칸에 써 넣으세요.

보기

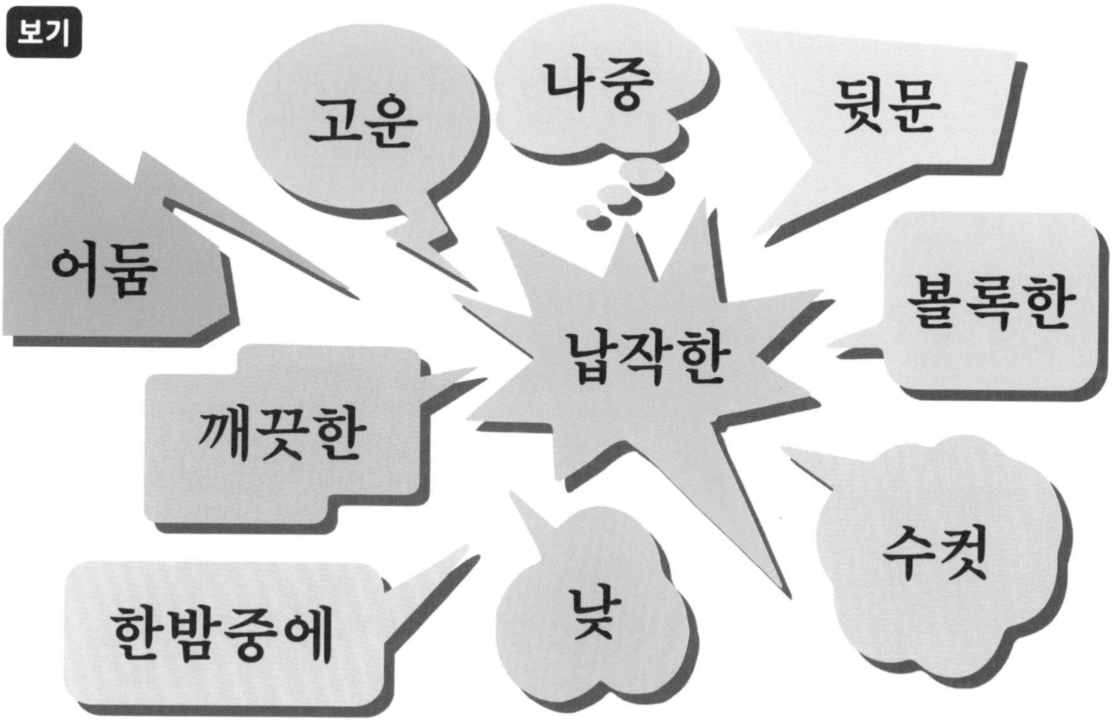

거친	①		먼저	⑥
더러운	②		대낮에	⑦
암컷	③		밤	⑧
빛	④		둥근	⑨
앞문	⑤		오목한	⑩

정답 ① 고운 ② 깨끗한 ③ 수컷 ④ 어둠 ⑤ 뒷문 ⑥ 나중 ⑦ 한밤중에 ⑧ 낮 ⑨ 납작한 ⑩ 볼록한

비슷하지만 서로 다른 뜻을 가진 낱말

비슷하지만 서로 다른 뜻을 가진 낱말을 비교해 보고 밑줄 친 회색 글자를 따라서 써 보세요.

믿	엄마가 나를 믿어 주었다.	
밑	책상 밑이 어둡다.	

밭	농부가 밭에서 일을 한다.	
받	선물을 받아서 매우 기쁘다.	
밧	밧줄을 잡고 올라간다.	

갓	어떤 사람이 갓을 쓰고 있다.	
같	나와 친구는 같은 마음이다.	
갇	감옥에 갇힌 도둑	

올바른 글자 고르기

다음 괄호 안에 있는 글자에서 올바른 글자에 동그라미를 치세요.

부모는 자기 자녀를 전적으로 ①(믿/밑)는다.
등잔 ②(믿/밑)이 어둡다.
도포를 입고 삿③(갇/갓/같)을 쓴 사람이 나타났다.
우리 대공원에 ④(갇/갓/같)이 가자.
죄인이 감옥에 ⑤(갇/갓/같)혔다.
농부들에게 논과 ⑥(받/밧/밭)은 아주 소중하다.
생일 선물로 스마트폰을 ⑦(받/밧/밭)았다.

맛 표현 익히기

우리는 혀로 여러 가지 맛을 봅니다. 문장에 어울리는 낱말을 골라 써 넣으세요.

보기 달아요 | 써요 | 셔요 | 짜요 | 매워요

소금은	① .	감기약은	④ .
사탕은	② .	고추는	⑤ .
레몬은	③ .		

정답 ① 믿 ② 밑 ③ 갓 ④ 같 ⑤ 갇 ⑥ 밭 ⑦ 받 / ① 짜요 ② 달아요 ③ 셔요 ④ 써요 ⑤ 매워요

비슷하지만 서로 다른 뜻을 가진 낱말

비슷하지만 서로 다른 뜻을 가진 낱말을 비교해 보고 밑줄 친 회색 글자를 따라서 써 보세요.

겉	겉 을 보아도 속은 모른다.	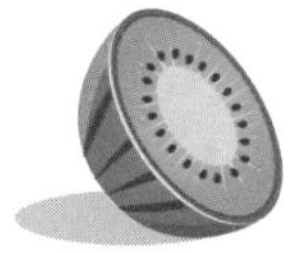
걷	안개가 걷 혔다.	
것	먹을 것 을 주세요.	
짓	사람이 할 짓 이 아니다.	
짖	개가 마구 짖 어 댔다.	
짙	짙 은 안개가 끼었다.	
닫	문이 닫 혀 있다.	
닿	손이 닿 지 않는다.	
닻	배가 닻 을 내리고 서 있다.	

올바른 글자 고르기

다음 괄호 안에 있는 글자에서 올바른 글자에 동그라미를 치세요.

안개가 ①(걷/것/겉)히자 멋진 경치가 드러났다.
②(걷/것/겉)과 속이 다른 사람이 있다.
엄마, 마실 ③(걷/것/겉) 좀 주세요.
어떻게 사람이 그런 ④(짓/짖/짙)을 할 수가 있지?
큰 소리로 ⑤(짓/짖/짙)어 대는 개를 봐라.
묽게 칠하지 말고 ⑥(짓/짖/짙)게 칠해라.
열린 창문을 ⑦(닫/닻/닿)아라.
아이 손이 ⑧(닫/닻/닿)지 않는 곳에 두세요.
커다란 배가 항구에 ⑨(닫/닻/닿)을 내리고 있다.

정답 ①걷 ②겉 ③것 ④짓 ⑤짖 ⑥짙 ⑦닫 ⑧닿 ⑨닻

비슷하지만 서로 다른 뜻을 가진 낱말

비슷하지만 서로 다른 뜻을 가진 낱말을 비교해 보고 밑줄 친 회색 글자를 따라서 써 보세요.

낫	낫으로 나뭇가지를 자른다.	
낮	밤에 자고 낮에 일한다.	
낱	낱말의 받침은 어렵다.	
낯	웃는 낯에 침 못 뱉는다.	
낳	고양이가 새끼를 낳았다.	

맛	맛이 좋은 반찬을 먹었다.	
맞	답이 맞아서 칭찬을 받았다.	
맡	내가 그 일을 맡아서 했다.	
맏	우리 형이 맏아들이다.	

올바른 글자 고르기

다음 괄호 안에 있는 글자에서 올바른 글자에 동그라미를 치세요.

어미소가 ①(낫/낱/낳)은 새끼가 송아지다.
그 ②(낮/낱/낳)말의 정확한 뜻을 아세요?
③(낫/낮/낯)에는 학교에서 공부한다.
④(낫/낮/낯/낱/낳)으로 풀을 깎았다.
햇살이 따가워 ⑤(낫/낮/낯)을 찡그렸다.
운동을 했더니 밥⑥(맏/맛/맞)이 좋다.
답을 ⑦(맏/맛/맞)혀서 칭찬을 받았다.
나는 반장을 ⑧(맏/맞/맡)았다.
자녀 중 첫째를 ⑨(맏/맛/맡)이라 한다.

정답 ① 낳 ② 낱 ③ 낮 ④ 낫 ⑤ 낯 ⑥ 맛 ⑦ 맞 ⑧ 맡 ⑨ 맏

25장 겹받침 [2] (ㄺ, ㄻ, ㄼ, ㄽ, ㄾ, ㄿ, ㅀ, ㄳ)

다음 겹받침에 색칠을 해 보세요.

맑은 

 닮은

 핥아먹다

읊다 

 닳은

학습 목표	▪ 어려운 겹받침을 익한다. ▪ 겹받침을 소리를 통해서 익힌다.

[ㄺ] 받침 글자 따라 쓰기

다음 표현을 큰 소리로 읽고, 회색 받침 글자를 따라서 써 보세요.

	첫째 날			복습	
책을 읽고	읽	읽	읽	읽	읽
맑은 하늘	맑	맑	맑	맑	맑
옷이 낡아서	낡	낡	낡	낡	낡
밝은 불	밝	밝	밝	밝	밝
칡을 캐서	칡	칡	칡	칡	칡
흙이 묻어서	흙	흙	흙	흙	흙
다리를 긁어서	긁	긁	긁	긁	긁
닭을 보고	닭	닭	닭	닭	닭
굵은 가지	굵	굵	굵	굵	굵
묽은 죽	묽	묽	묽	묽	묽
늙은 호박	늙	늙	늙	늙	늙
붉은 색	붉	붉	붉	붉	붉

그림과 표현 연결하기

그림과 표현을 연결하고 회색 글자를 따라서 써 보세요.
다 쓰고 나면 큰 소리로 읽어 보세요.

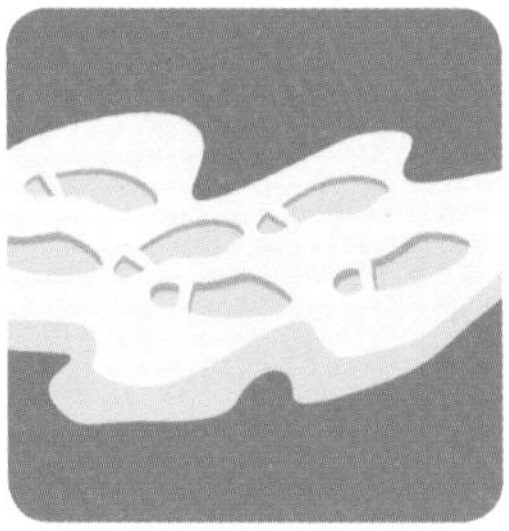
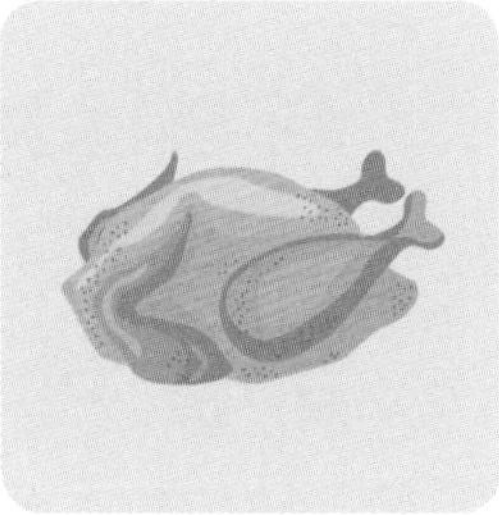

밝은 눈	읽기	낡은 구두	수탉	닭고기
붉은 산	칡덩굴	맑은 날씨	굵은 팔뚝	늙은 호박

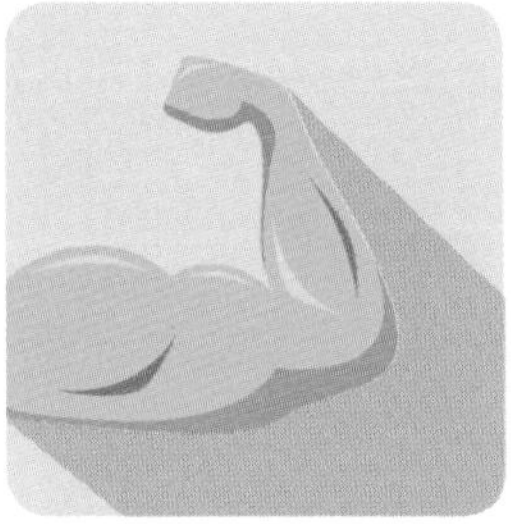

[ㄺ] 받침 글자 읽고 쓰기

다음 낱말을 큰 소리로 읽고, 빈칸에 올바르게 써 넣으세요.
소리 나는 대로 쓰면 틀립니다.

ㄺ 받침 낱말	따라 쓰기	혼자 쓰기
읽기	읽기	
진흙	진흙	
칡넝쿨	칡넝쿨	
닭고기	닭고기	
암탉	암탉	
맑음	맑음	
늙은	늙은	
붉은	붉은	
까닭	까닭	
굵은	굵은	
긁어	긁어	
밝아	밝아	

겹받침 글자 써 보기

다음 표현을 읽고 밑줄 친 겹받침 낱말을 써 보세요.

ㄺ 받침 낱말	따라 쓰기	혼자 쓰기
읽은 책	읽은	
밝아 오는 아침	밝아	
닭을 먹고	닭을	
붉은 색	붉은	
맑은 하늘	맑은	
암탉을 보면	암탉을	
다리를 긁으면	긁으면	
바닥을 긁어	긁어	
바람과 흙이	흙이	
흙을 파내다	흙을	
글을 읽으면서	읽으면서	
늙은 호박	늙은	

[ㄻ, ㄼ] 받침 글자 따라 쓰기

다음 표현을 큰 소리로 읽고, 회색 받침 글자를 따라서 써 보세요.

	첫째 날			복습	
닮은 사람	닮	닮	닮	닮	닮
삶은 계란	삶	삶	삶	삶	삶
젊은 남자	젊	젊	젊	젊	젊
곪아 터진	곪	곪	곪	곪	곪
밥을 굶어서	굶	굶	굶	굶	굶
책을 옮기고	옮	옮	옮	옮	옮
눈을 밟고	밟	밟	밟	밟	밟
짧은 치마	짧	짧	짧	짧	짧
일곱 여덟	덟	덟	덟	덟	덟
엷은 색	엷	엷	엷	엷	엷
떫은 맛	떫	떫	떫	떫	떫
얇은 책	얇	얇	얇	얇	얇

그림과 표현 연결하기

그림과 표현을 연결하고 회색 글자를 따라서 써 보세요.
다 쓰고 나면 큰 소리로 읽어 보세요.

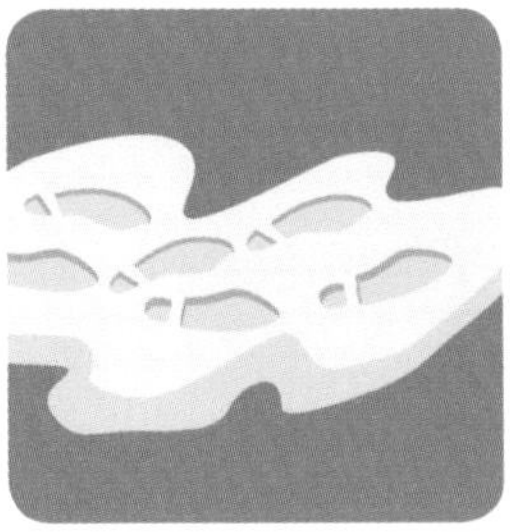
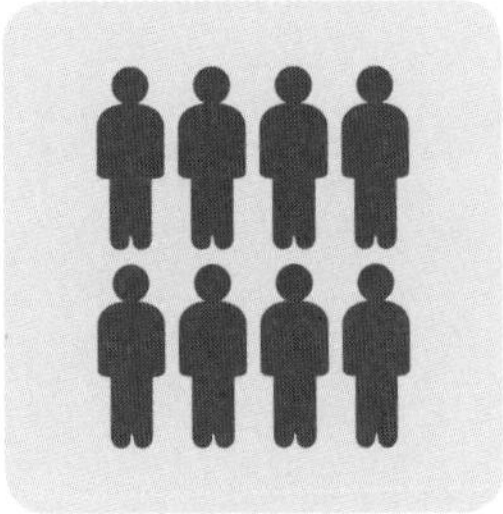
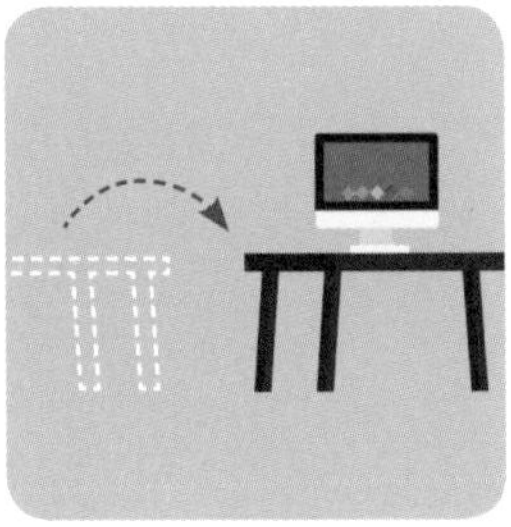

짧은 치마	밝은 눈	닮은꼴	옮긴 책상	여덟 사람
얇은 책	젊은 남자	곪은 상처	엷은 색	삶은 계란

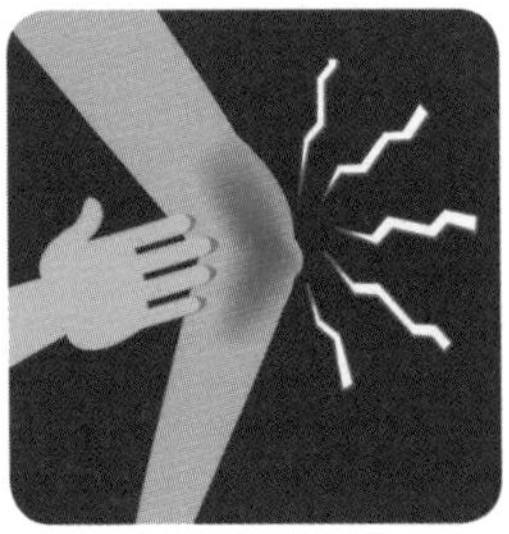

겹받침 글자 읽고 쓰기

다음 낱말을 큰 소리로 읽고 빈칸에 그 낱말을 채워 넣으세요.

겹받침 낱말	따라 쓰기	혼자 쓰기
곪은	곪은	곪은
젊음	젊음	
닮음	닮음	
밟아서	밟아서	
여덟	여덟	
옮기기	옮기기	
엷은	엷은	
얇은	얇은	
짧음	짧음	
떫은	떫은	
삶아서	삶아서	
밝은	밝은	

겹받침 글자 써 보기

다음 표현을 읽고 밑줄 친 겹받침 낱말을 써 보세요.

겹받침 낱말	따라 쓰기	혼자 쓰기
<u>닮은</u> 쌍둥이	닮은	닮은
<u>젊은</u> 사람	젊은	
<u>삶은</u> 계란	삶은	
<u>곪은</u> 피부	곪은	
<u>삶을</u> 살다	삶을	
밥을 <u>굶어서</u>	굶어서	
<u>밟아</u> 주다	밟아	밟아
<u>엷은</u> 미소	엷은	
<u>짧은</u> 치마	짧은	
<u>여덟</u> 개	여덟	
<u>넓은</u> 어깨	넓은	
<u>떫은</u> 맛	떫은	

어휘 짝 찾기

다음 〈보기〉에서 아래 쓰인 낱말의 짝이 되는 말이나 반대말을 골라 빈칸에 써 넣으세요.

보기

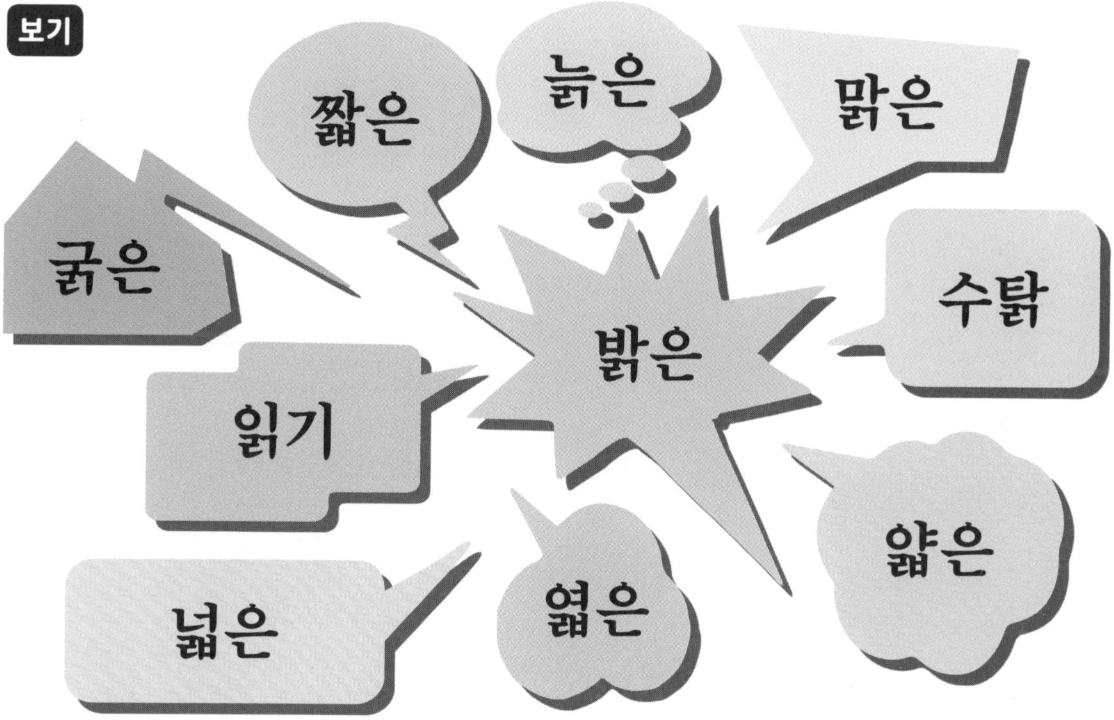

젊은	①	어두운	⑥
긴	②	두꺼운	⑦
좁은	③	암탉	⑧
가는	④	쓰기	⑨
짙은	⑤	흐린	⑩

정답 ① 늙은 ② 짧은 ③ 넓은 ④ 굵은 ⑤ 엷은 ⑥ 밝은 ⑦ 얇은 ⑧ 수탉 ⑨ 읽기 ⑩ 맑은

[ㄽ, ㄾ, ㄿ, ㅀ] 받침 글자 따라 쓰기

다음 회색 받침 글자를 따라서 써 보세요. 어려우면 나중에 하세요.

	첫째 날			복습	
개미핥기	핥	핥	핥	핥	핥
핥아먹고	핥	핥	핥	핥	핥
훑어보고	훑	훑	훑	훑	훑
싫어하는	싫	싫	싫	싫	싫
구멍을 뚫고	뚫	뚫	뚫	뚫	뚫
잃어버린 시간	잃	잃	잃	잃	잃
다 닳은 신발	닳	닳	닳	닳	닳
시를 읊다	읊	읊	읊	읊	읊
앓아누워	앓	앓	앓	앓	앓
곯은 달걀	곯	곯	곯	곯	곯
옳은 말	옳	옳	옳	옳	옳
싫증이 나다	싫	싫	싫	싫	싫

그림과 표현 연결하기

그림과 표현을 연결하고 회색 글자를 따라서 써 보세요.
다 쓰고 나면 큰 소리로 읽어 보세요.

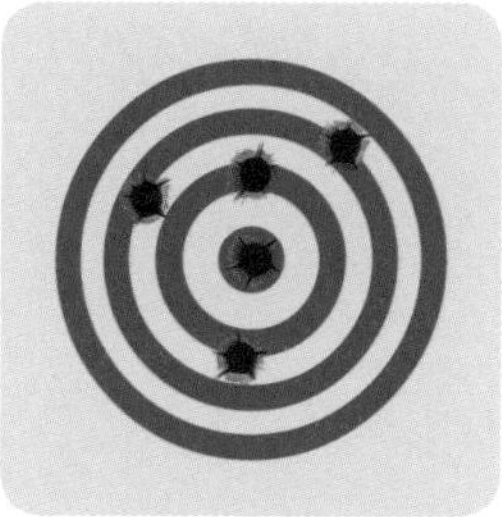

뚫은 구멍	개미핥기	닳은 신발	싫어하다	앓아누워
핥아먹고	시를 읊어	곯은 달걀	옳은 일	싫증

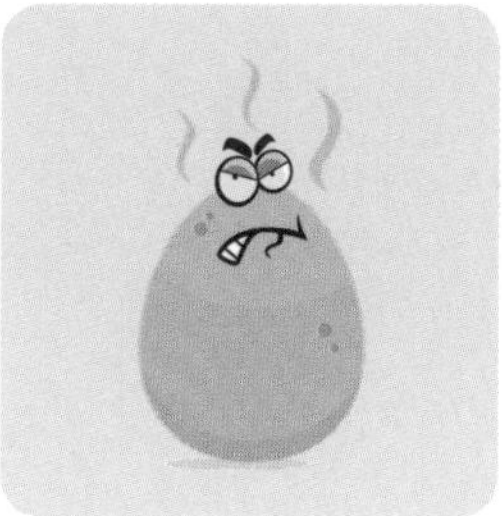

겹받침 글자 읽고 쓰기

다음 낱말을 큰 소리로 읽고 빈칸에 그 낱말을 채워 넣으세요.

겹받침 낱말	따라 쓰기	혼자 쓰기
개미핥기	개미핥기	
싫은	싫은	
잃은	잃은	
닳아서	닳아서	
훑어	훑어	훑어
읊어	읊어	읊어
싫어	싫어	
뚫어	뚫어	
옳은	옳은	
앓아	앓아	

겹받침 글자 써 보기

다음 표현을 읽고 밑줄 친 겹받침 낱말을 써 보세요.

겹받침 낱말	따라 쓰기	혼자 쓰기
혀로 핥아	핥아	
핥아서 먹다	핥아서	핥아서
옳은 일	옳은	
훑어보다	훑어	
모기가 싫다	싫다	
싫은 사람	싫은	
구멍을 뚫고	뚫고	
뚫은 터널	뚫은	뚫은
읊기 시작하다	읊기	
몸살을 앓다	앓다	
닳아 빠진 바지	닳아	
길을 잃어	잃어	

문장에서 겹받침 글자 연습하기

다음 〈보기〉의 낱말을 큰 소리로 읽고 밑줄에 알맞은 것을 골라 써 보세요.

보기

닮았다 / 삶 / 곪아 / 밟는 / 암탉

① ________ 이 알을 낳았다.
② ________ 의 반대말은 죽음이다.
상처가 ③ ________ 터졌다.
저 엄마와 딸은 서로 ④ ________.
낙엽 ⑤ ________ 소리가 들린다.

보기

찰흙 / 밝은 / 삶아 / 맑은 / 옮겼다

고구마를 ⑥ ________ 먹었다.
⑦ ________ 계곡에 가재가 산다.
저 ⑧ ________ 보름달 좀 봐.
이사를 가서 학교를 ⑨ ________.
고무⑩ ________ 을 준비해 오세요.

정답 ① 암탉 ② 삶 ③ 곪아 ④ 닮았다 ⑤ 밟는 ⑥ 삶아 ⑦ 맑은 ⑧ 밝은 ⑨ 옮겼다 ⑩ 찰흙

문장에서 겹받침 글자 연습하기

다음 〈보기〉의 낱말을 큰 소리로 읽고 밑줄에 알맞은 것을 골라 써 보세요.

보기

- 얹어
- 앉혔다
- 읽으면
- 싫다
- 끊임없이

누워서 책을 ① ________ 눈이 나빠진다.

아빠는 돈을 좀더 ② ________ 주었다.

그 선수는 이기려고 ③ ________ 노력했다.

나는 뱀이 정말 ④ ________.

엄마는 아이를 무릎에 ⑤ ________.

보기

- 끊겨
- 잃어버렸다
- 값이
- 곯아서
- 가라앉은

아이스크림 ⑥ ________ 많이 올랐다.

⑦ ________ 배를 끌어올렸다.

계란이 ⑧ ________ 먹지 못한다.

전기가 ⑨ ________ 촛불을 켰다.

누나가 길에서 돈을 ⑩ ________.

정답 ① 읽으면 ② 얹어 ③ 끊임없이 ④ 싫다 ⑤ 앉혔다 ⑥ 값이 ⑦ 가라앉은 ⑧ 곯아서 ⑨ 끊겨 ⑩ 잃어버렸다

26장 문장 부호

하나의 문장이 끝나면 마침표(.), 물음표(?), 느낌표(!) 중 하나를 반드시 표시해야 합니다.

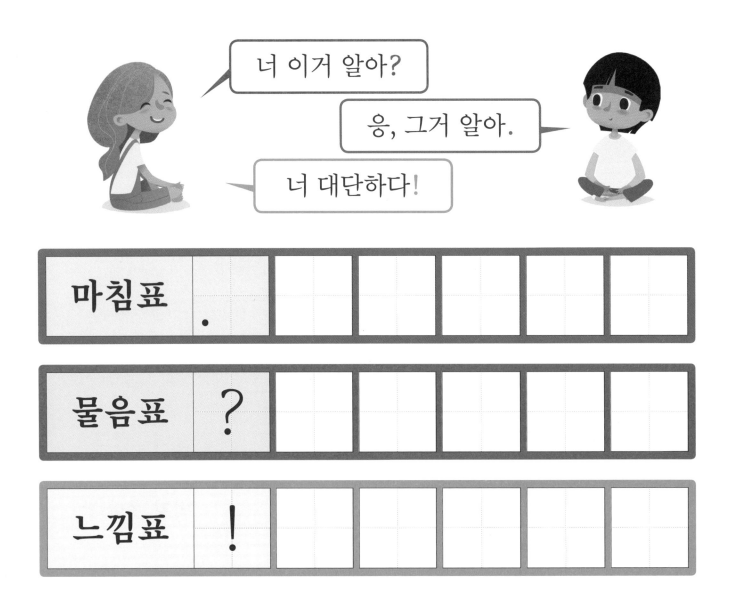

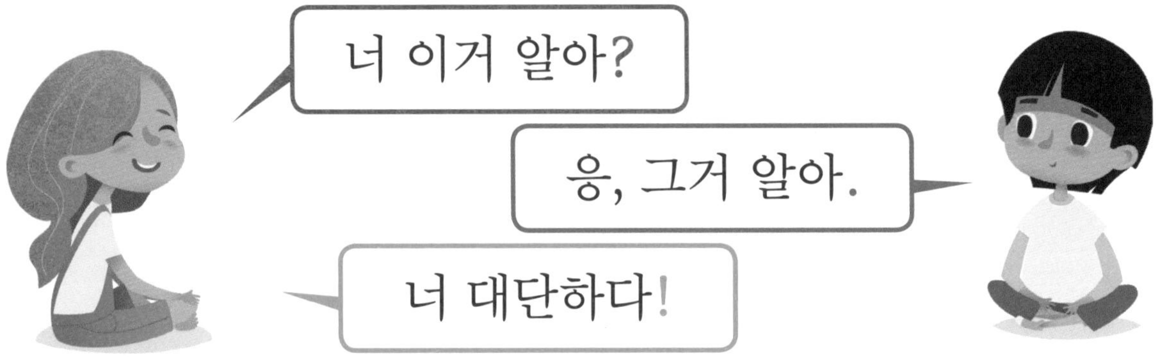

마침표	.					
물음표	?					
느낌표	!					

학습 목표

- 문장 부호를 구분하여 쓴다.

문장 부호 바르게 쓰기

문장 부호는 문장의 마지막 글자 다음에 표시합니다. 한 번 따라 쓰고 빈칸을 채워 보세요.

마침표 [.]	먹었다.	먹었다.	
물음표 [?]	먹었니?	먹었니?	
느낌표 [!]	다 먹었군!	다 먹었군!	

마침표, 느낌표, 물음표 어떤 문장에 쓸까?

문장 부호 중에서 마침표가 가장 많이 쓰입니다. 물음표와 느낌표를 언제 쓰는지 알고 나서, 그 이외의 문장에서는 마침표로 표시하면 됩니다.

문장 부호	언제 쓸까요?	예시 문장
마침표 [.]	사실, 주장	나는 너를 사랑한다.
	같이 하자고 할 때	운동장에 나가서 놀자.
	누구에게 시킬 때	나가서 놀아라.
물음표 [?]	물을 때	네 이름이 뭐니?
		언제 왔니?
느낌표 [!]	기쁨, 슬픔, 놀람 등의 느낌을 나타낼 때	아, 가을인가!
		달도 참 밝구나!

문장 종류와 문장 부호

문장의 종류에 따라서 마침표, 물음표, 느낌표를 씁니다.

문장 부호	예시 문장	종류
마침표 [.]	나는 나를 믿는다.	사실
	내가 대한민국의 미래다.	주장
	자기의 생각을 말해 봅시다.	주장
	허리를 곧게 펴고 바른 자세로 앉아야 한다.	사실
	해가 벌써 지고 있어요.	사실
물음표 [?]	네 소원이 뭐냐?	질문
	이번에는 뭐 하고 놀까?	질문
	오늘은 무엇을 할까?	질문
느낌표 [!]	정말 멋있다!	감동
	신난다!	감동

문장 부호 연습하기

다음 문장의 빈칸에 올바른 문장 부호를 넣으세요.

문장 끝에는 반드시 문장 부호가 붙어요(　)①
어떻게 띄어 읽어야 할까요(　)②
까치발은 까치와 관계가 있을까요(　)③
끝말잇기 놀이를 해 봅시다(　)④
정말 힘들다(　)⑤
나는 어제 10시에 잤다(　)⑥
너는 몇 시에 잤니(　)⑦
나는 11시에 잤어(　)⑧
여기서 사진을 찍으면 안 돼요(　)⑨
모양이나 움직임을 흉내 내는 말이 있으면 재미있어요(　)⑩

정답 ①. ②? ③? ④. ⑤. ⑥. ⑦? ⑧. ⑨. ⑩.

27장 띄어쓰기

우리말은 띄어쓰기를 합니다. 띄어 쓰는 것과 붙여 쓰는 것이 구별되어 있어서 띄어쓰기 규칙에 따라서 글을 써야 합니다. 가장 기본적인 띄어쓰기 원칙을 알아보기로 하겠습니다.

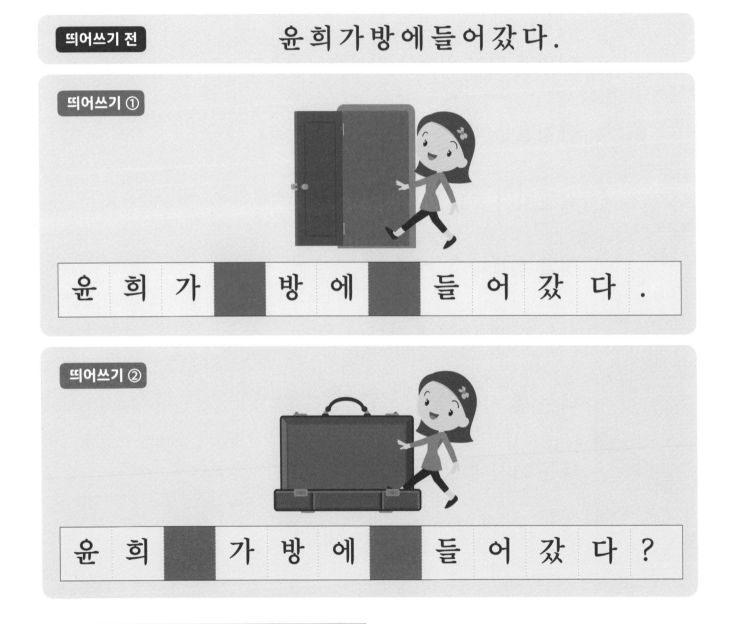

띄어쓰기 전 윤희가방에들어갔다.

띄어쓰기 ①

윤	희	가		방	에		들	어	갔	다	.

띄어쓰기 ②

윤	희		가	방	에		들	어	갔	다	?

학습 목표
- 우리말 띄어쓰기 원칙을 학습한다.
- 띄어쓰기에 맞게 문장을 쓴다.

띄어쓰기 원칙 ①

'-이/-가/-은/-는/-을/-를/-와/-과/-의/-도/-에서/-로/-처럼/-으로부터/-뿐만/-만큼/-밖에'(조사)는 그 앞말에 붙여 씁니다.

꽃이	꽃은	꽃을	꽃과	꽃의
꽃도	꽃에서	꽃처럼	꽃으로	꽃만
꽃으로부터	꽃뿐만	꽃만큼	꽃밖에	꽃에는

다음 예시를 보고 띄어쓰기를 해 보세요.

예시 나는책을읽었다.

나는 책을 읽었다.

① 정우가다희를만났다.

② 나는친구와놀았다.

③ 이것은친구의책이다.

④ 저녁에숙제를했다.

정답 ① 정우가 다희를 만났다. ② 나는 친구와 놀았다. ③ 이것은 친구의 책이다. ④ 저녁에 숙제를 했다.

띄어쓰기 원칙 ②

'추운/더운/아름다운/쓰는/읽는/아는/보는/달리는' 등의 꾸며 주는 말은 뒷말과 띄어 씁니다.

추운 **날**	더운 **여름**	아름다운 **산**	쓰는 **연필**	읽는 **책**
아는 **사실**	보는 **사람**	달리는 **기차**	필요한 **물건**	중요한 **낱말**
모든 **학교**	따뜻한 **교실**	깨끗한 **방**	맛있는 **음식**	두꺼운 **옷**

다음 예시를 보고 띄어쓰기를 해 보세요.

예시 추운겨울이왔다.

추 운   겨 울 이   왔 다 .

① 티브이를보는아이

② 내가아는사람

③ 아름다운지구

④ 맛있는과자와케이크

정답 ① 티브이를 보는 아이 ② 내가 아는 사람 ③ 아름다운 지구 ④ 맛있는 과자와 케이크

띄어쓰기 원칙 ③

'수/것/뿐/데/줄/채/만큼/지/바/등/대로'(의존 명사)는 앞말과 띄어 씁니다.

할 수 없이	아는 것	갈 데 없는 사람	모자를 쓴 채	닭, 소 등의
머물 수 없어서	했을 뿐	할 줄 모르는	생각한 바를	들은 대로
떠난 지 3일	시작한 지	줄 만큼 주었다	어찌할 바를	본 대로

다음 예시를 보고 띄어쓰기를 해 보세요.

예시 나도탁구는할수있다.

나	도		탁	구	는		할		수		있	다	.

① 아는것만써라.

② 생각한바를말해라.

③ 들은대로얘기해봐.

④ 시작한지3일되었다.

정답 ① 아는 것만 써라. ② 생각한 바를 말해라. ③ 들은 대로 얘기해 봐. ④ 시작한 지 3일 되었다.

띄어쓰기 원칙 ③

다음 예시를 보고 띄어쓰기를 해 보세요.

예시 눈코뜰새없이바쁘다.

눈	코		뜰		새		없	이		바	쁘	다	.

① 그일은할만하다.

② 본대로말해라.

③ 할수없이일을했다.

④ 그가올듯하다.

⑤ 모자를쓴채서있다.

⑥ 거기에갔을뿐이다.

⑦ 어찌할바를몰랐다.

정답 ① 그 일은 할 만하다. ② 본 대로 말해라. ③ 할 수 없이 일을 했다. ④ 그가 올 듯하다. ⑤ 모자를 쓴 채 서 있다. ⑥ 거기에 갔을 뿐이다. ⑦ 어찌할 바를 몰랐다.

띄어쓰기 원칙 ④

'개/마리/자루/년/시간'(단위 명사)는 띄어 써야 하지만 아라비아 숫자와 쓸 때는 붙여 씁니다.

사과 한 개	소 한 마리	연필 열 자루	십 년 동안	한 시간
사과 1개	소 1마리	연필 10자루	10년 동안	1시간

다음 예시를 보고 띄어쓰기를 해 보세요.

예시 소다섯마리가온다.

소 다섯 마리가 온다.

① 연필3자루를샀다.

② 한시간은60분이다.

③ 12달이일년이다.

④ 책한권이있다.

⑤ 나는7살이다.

정답 ① 연필 3자루를 샀다. ② 한 시간은 60분이다. ③ 12달이 일 년이다. ④ 책 한 권이 있다. ⑤ 나는 7살이다.

띄어쓰기 원칙 ⑤

성과 이름은 붙여 쓰고, 이름에 덧붙는 '박사/선생/부장/사장/장군' 등은 띄어 씁니다.

박유나	임유빈	이순신	담임 선생님
박유나 씨	임유빈 학생	이순신 장군	교장 선생님
박유나 선생	임유빈 박사	충무공 이순신	체육 선생님

다음 예시를 보고 띄어쓰기를 해 보세요.

예시 내이름은홍길동이다.

내 이름은 홍길동이다.

① 존경하는이순신장군

② 친절한담임선생님

③ 원장선생님이오신다.

④ 춤을추는무용선생님

정답 ① 존경하는 이순신 장군 ② 친절한 담임 선생님 ③ 원장 선생님이 오신다. ④ 춤을 추는 무용 선생님

띄어쓰기 연습

다음 문장을 맞춤법에 맞게 띄어 쓰세요.

① 바다는소금물로채워진곳이다.

② 길고짧은것은대봐야안다.

③ 인간은생각하는동물이다.

④ 생각보다일이늦게끝났다.

⑤ 한글은쉽게배워쓸수있다.

⑥ 아는것만쓰고와라.

정답 ① 바다는 소금물로 채워진 곳이다. ② 길고 짧은 것은 대 봐야 안다. ③ 인간은 생각하는 동물이다. ④ 생각보다 일이 늦게 끝났다. ⑤ 한글은 쉽게 배워 쓸 수 있다. ⑥ 아는 것만 쓰고 와라.

띄어쓰기 연습

다음 문장을 맞춤법에 맞게 띄어 쓰세요.

① 이순신장군은12척의배로적을물리쳤다.

② 만원으로사과5개를샀다.

③ 그것은내가할만한일이다.

④ 먹을것이많아서좋다.

⑤ 동생이태어난지두달되었다.

⑥ 한반에12명이있다.

정답 ① 이순신 장군은 12척의 배로 적을 물리쳤다. ② 만 원으로 사과 5개를 샀다. ③ 그것은 내가 할 만한 일이다. ④ 먹을 것이 많아서 좋다. ⑤ 동생이 태어난 지 두 달 되었다. ⑥ 한 반에 12명이 있다.

속담 띄어쓰기

다음 속담을 띄어쓰기에 맞게 써 보세요.

① 세살버릇여든까지간다.

② 낮말은새가듣고밤말은쥐가듣는다.

③ 발없는말이천리간다.

④ 가는말이고와야오는말이곱다.

⑤ 하룻강아지범무서운줄모른다.

⑥ 하늘이무너져도솟아날구멍이있다.

정답 ① 세 살 버릇 여든까지 간다. ② 낮말은 새가 듣고 밤말은 쥐가 듣는다. ③ 발 없는 말이 천 리 간다. ④ 가는 말이 고와야 오는 말이 곱다. ⑤ 하룻강아지 범 무서운 줄 모른다. ⑥ 하늘이 무너져도 솟아날 구멍이 있다.

28장 낱말 순서 맞추기

문장에 쓰인 낱말에는 순서가 있습니다. 어떤 순서로 낱말을 쓰는지 학습해 보겠습니다.

× 갔다 나는 집에.

○ 나는 집에 갔다.

× 놀랐다 나는 깜짝.

○ 나는 깜짝 놀랐다.

학습 목표

- 우리말 쓰는 순서를 익힌다.
- 우리말을 순서에 맞게 써 본다.

낱말 순서 원칙 ①

다음과 같은 낱말은 맨 마지막에 씁니다.

있다 / 없다 / 이다 / 갔다 / 왔다 / 먹는다 / 입는다 / 찾았다 / 만났다   **많다 / 작다 / 크다 / 예쁘다 / 아름답다 / 춥다 / 덥다**

〈보기〉처럼 낱말 순서를 맞춰 올바른 문장을 만드세요.

보기 있다. / 여기에	여기에 있다.
연필을 / 찾았다.	①
만났다. / 친구를	②
돈이 / 없다.	③
학교에 / 갔다.	④
왔다. / 친구들이	⑤
먹는다. / 밥을	⑥
입었다. / 옷을	⑦
동화책을 / 읽었다.	⑧
선생님이다. / 그는	⑨
덥다. / 날씨가	⑩

정답 ① 연필을 찾았다. ② 친구를 만났다. ③ 돈이 없다. ④ 학교에 갔다. ⑤ 친구들이 왔다. ⑥ 밥을 먹는다. ⑦ 옷을 입었다. ⑧ 동화책을 읽었다. ⑨ 그는 선생님이다. ⑩ 날씨가 덥다.

낱말 순서 원칙 ②

다음과 같은 낱말은 문장의 맨 처음에 씁니다.

나는 / 우리는 / 너는 / 엄마가 / 아빠가 **토끼가 / 손이 / 밥이 / 책이 / 꽃이**

〈보기〉처럼 낱말 순서를 맞춰 올바른 문장을 만드세요.

보기 많다. / 책이	책이 많다.
아빠가 / 오셨다.	①
부른다. / 엄마가	②
아프다 / 손이	③
많다. / 책이	④
피었다. / 꽃이	⑤
달린다. / 토끼가	⑥
우리가 / 만났다.	⑦
선생님이 / 오신다.	⑧
맑다. / 물이	⑨
날씨가 / 춥다.	⑩

정답 ① 아빠가 오셨다. ② 엄마가 부른다. ③ 손이 아프다. ④ 책이 많다. ⑤ 꽃이 피었다. ⑥ 토끼가 달린다. ⑦ 우리가 만났다. ⑧ 선생님이 오신다. ⑨ 물이 맑다. ⑩ 날씨가 춥다.

낱말 순서 원칙 ③

'을, 를'이 붙은 '밥을, 책을, 나무를, 과자를, 책상을, 티브이를, 엄마를, 옷을, 신발을'은 '찾았다, 먹었다, 입었다' 등의 앞에 씁니다.
〈보기〉처럼 낱말 순서를 맞춰 올바른 문장을 만드세요.

보기 책을 / 나는 / 읽었다.	나는 책을 읽었다.
나는 / 먹었다. / 밥을	①
우리는 / 심었다. / 나무를	②
보았다. / 우리는 / 티브이를	③
나는 / 신었다. / 신발을	④
엄마가 / 치웠다. / 책상을	⑤
친구를 / 만났다. / 나는	⑥
엄마를 / 찾았다. / 친구가	⑦
우리는 / 주문했다. / 피자를	⑧
청소를 / 했다. / 나는	⑨
닦았다. / 우리는 / 유리창을	⑩

정답 ① 나는 밥을 먹었다. ② 우리는 나무를 심었다. ③ 우리는 티브이를 보았다. ④ 나는 신발을 신었다. ⑤ 엄마가 책상을 치웠다. ⑥ 나는 친구를 만났다. ⑦ 친구가 엄마를 찾았다. ⑧ 우리는 피자를 주문했다. ⑨ 나는 청소를 했다. ⑩ 우리는 유리창을 닦았다.

낱말 순서 원칙 ④

'아름다운, 넓은, 착한, 깨끗한, 더운, 큰, 작은, 먹은, 찾는' 등은
'사람, 옷, 친구, 빵, 옷, 날씨, 나무' 등의 앞에 씁니다.
〈보기〉처럼 낱말 순서를 맞춰 올바른 문장을 만드세요.

보기 꽃이 / 피었다. / 아름다운	아름다운 꽃이 피었다.
친구가 / 나에게 / 착한 / 있다.	①
옆에 / 길 / 나무가 / 작은 / 있다.	②
빵이 / 어제 / 먹은 / 맛있었다.	③
놀이터에서 / 놀았다. / 넓은	④
친구가 / 입었다. / 옷을 / 예쁜	⑤
날씨에 / 수영을 / 더운 / 한다.	⑥
지방에 / 추운 / 산다. / 북극곰은	⑦
영화를 / 보았다. / 재미있는	⑧
장남감을 / 예쁜 / 받았다. / 선물로	⑨
찾았다. / 잃어버린 / 물건을	⑩

정답 ① 착한 친구가 나에게 있다. ② 길 옆에 작은 나무가 있다. ③ 어제 먹은 빵이 맛있었다. ④ 넓은 놀이터에서 놀았다. ⑤ 친구가 예쁜 옷을 입었다. 예쁜 친구가 옷을 입었다 ⑥ 더운 날씨에 수영을 한다. ⑦ 북극곰은 추운 지방에 산다. ⑧ 재미있는 영화를 보았다. ⑨ 예쁜 장난감을 선물로 받았다. ⑩ 잃어버린 물건을 찾았다.

낱말 순서 원칙 ⑤

'열심히, 깜짝, 매우, 빨리, 정말로, 빠르게, 맛있게, 힘차게, 행복하게, 즐겁게' 등은 '달린다, 먹었다, 살았다, 불렀다, 아프다' 등의 앞에 씁니다.
〈보기〉처럼 낱말 순서를 맞춰 올바른 문장을 만드세요.

보기 달린다. / 빠르게 / 말은	말은 빠르게 달린다.
공부를 / 했다. / 나는 / 열심히	①
꽃이 / 아름답다. / 정말로	②
행복하게 / 그들은 / 살았다.	③
아프다. / 머리가 / 매우	④
이 / 책은 / 어렵다. / 정말로	⑤
우리는 / 불렀다. / 노래를 / 즐겁게	⑥
많다. / 물이 / 정말로	⑦
빨리 / 끝냈다. / 숙제를 / 나는	⑧
우리는 / 놀랐다. / 깜짝	⑨
친구는 / 쓴다. / 글씨를 / 예쁘게	⑩

정답 ① 나는 공부를 열심히 했다. 나는 열심히 공부를 했다. ② 꽃이 정말로 아름답다. 정말로 꽃이 아름답다. ③ 그들은 행복하게 살았다. 행복하게 그들은 살았다. ④ 머리가 매우 아프다. ⑤ 이 책은 정말로 어렵다. ⑥ 우리는 노래를 즐겁게 불렀다. 우리는 즐겁게 노래를 불렀다. ⑦ 물이 정말로 많다. 정말로 물이 많다. ⑧ 나는 숙제를 빨리 끝냈다. 나는 빨리 숙제를 끝냈다. ⑨ 우리는 깜짝 놀랐다. ⑩ 친구는 글씨를 예쁘게 쓴다./친구는 예쁘게 글씨를 쓴다.

낱말 순서 맞추기 연습

앞에서 배운 것을 기초로 낱말 순서를 맞춰 올바른 문장을 만드세요.

①	갔다. / 함께 / 동물원에 / 친구와 / 나는
②	아침에 / 왔다. / 비가 / 오늘
③	있습니까? / 무엇을 / 누나는 / 하고
④	봄이 / 추운 / 지나면 / 겨울이 / 온다. / 따뜻한
⑤	가자. / 보러 / 해돋이를 / 동해로
⑥	싸다. / 중국산 / 값이 / 제품은
⑦	주인의 / 핥고 / 있다. / 손을 / 강아지는
⑧	열쇠일까? / 모국어가 / 공부의 / 왜

정답 ① 나는 친구와 함께 동물원에 갔다. 나는 동물원에 친구와 함께 갔다. ② 오늘 아침에 비가 왔다. 비가 오늘 아침에 왔다. ③ 누나는 무엇을 하고 있습니까? ④ 추운 겨울이 지나면 따뜻한 봄이 온다. ⑤ 해돋이를 보러 동해로 가자. ⑥ 중국산 제품은 값이 싸다. ⑦ 강아지는 주인의 손을 핥고 있다. ⑧ 왜 모국어가 공부의 열쇠일까? 모국어가 왜 공부의 열쇠일까?

낱말 순서 맞추기 연습

다음 낱말 순서를 맞춰 올바른 문장을 만드세요.

①	입어야 / 한다. / 추운 / 날씨에는 / 두꺼운 / 옷을
②	새가 / 높이 / 나는 / 본다. / 멀리
③	한다. / 자기 / 이를 / 닦아야 / 전에
④	나는 / 아프다. / 라면을 / 먹으면 / 배가
⑤	저녁에 / 읽는다. / 동화를 / 재미있는
⑥	왜 / 졸릴까? / 나면 / 밥을 / 먹고
⑦	꿀벌과 / 찾아다닌다. / 나비가 / 꽃을
⑧	나를 / 모기가 / 귀찮게 / 한다. / 여름에는

정답 ① 추운 날씨에는 두꺼운 옷을 입어야 한다. ② 높이 나는 새가 멀리 본다. ③ 자기 전에 이를 닦아야 한다. ④ 나는 라면을 먹으면 배가 아프다. 라면을 먹으면 나는 배가 아프다. ⑤ 저녁에 재미있는 동화를 읽는다. 재미있는 동화를 저녁에 읽는다. ⑥ 왜 밥을 먹고 나면 졸릴까? 밥을 먹고 나면 왜 졸릴까? ⑦ 꿀벌과 나비가 꽃을 찾아다닌다. ⑧ 여름에는 모기가 나를 귀찮게 한다.

29장 창의적 문장 쓰기

다시

영화를 **다시** 보았다.

대한민국

내가 **대한민국**의 미래다.

희망

학습 목표
- 나도 스스로 문장을 쓸 수 있다.
- 나는 이제 내 생각을 글로 쓸 수 있다.

좋은 문장 따라 쓰기

다음 문장을 큰 소리로 읽고 따라서 써 보세요.

남의 말을 잘 들어라.

시간은 아무도 기다려 주지 않는다.

먼저 핀 꽃이 먼저 진다.

기쁨을 나누면 두 배가 된다.

아는 것이 힘이다.

나는 혼자서 학습할 수 있다.

속담 따라 쓰기

다음 우리말 속담을 큰 소리로 읽고 따라서 써 보세요.

흐르는 물은 썩지 않는다.

지렁이도 밟으면 꿈틀한다.

고래 싸움에 새우 등 터진다.

피는 물보다 진하다.

뛰는 놈 위에 나는 놈 있다.

윗물이 맑아야 아랫물이 맑다.

스스로 문장 만들어 쓰기

다음 〈보기〉와 같이 주어진 낱말이 들어가는 문장을 쓰고, 큰 소리로 읽어 보세요.

나무	**보기** 우리 집 앞에 커다란 **나무** 한 그루가 있다.
엄마	①
아빠	②
친구	③
방	④
옷	⑤
신발	⑥
의자	⑦
손	⑧
아침	⑨
가방	⑩

예시 답안 ① 엄마는 아빠보다 키가 작습니다. ② 아빠는 아침에 회사에 출근합니다. ③ 내 친구는 피아노를 잘 칩니다. ④ 우리 외가에는 다락방이 있습니다. ⑤ 옷이 날개라는 말이 있다. ⑥ 현관에서 신발을 벗습니다. ⑦ 의자에 바른 자세로 앉으세요. ⑧ 한 아이가 두 손을 모으고 기도합니다. ⑨ 해는 아침에 동쪽에서 뜹니다. ⑩ 가방을 메고 학교에 갑니다.

스스로 문장 만들어 쓰기

다음 〈보기〉와 같이 주어진 낱말이 들어가는 문장을 쓰고, 큰 소리로 읽어 보세요.

아주	**보기** 나는 아주 열심히 달렸다.
새로	①
다시	②
매우	③
잘	④
빨리	⑤
겨우	⑥
미리	⑦
같이	⑧
함께	⑨
세게	⑩

예시 답안 ① 멈췄던 일을 새로 시작합시다. ② 그 만화 영화를 다시 보자. ③ 그 선수는 매우 빠르다. ④ 점심을 잘 먹었다. ⑤ 숙제를 빨리 끝내고 나가서 놀자. ⑥ 주말에야 겨우 시간이 났다. ⑦ 공부를 하려면 미리 계획을 세워라. ⑧ 오늘 같이 밥을 먹자. ⑨ 가족이 함께 해외 여행을 떠났다. ⑩ 저 축구 선수는 공을 세게 찬다.

스스로 문장 만들어 쓰기

다음 〈보기〉와 같이 주어진 낱말이 들어가는 문장을 쓰고, 큰 소리로 읽어 보세요.

낱말	문장
맛있는	보기 나는 오늘 맛있는 과자를 먹었다.
예쁜	①
재미있는	②
멋있는	③
즐거운	④
가벼운	⑤
힘든	⑥
귀찮은	⑦
높은	⑧
새로운	⑨
달리는	⑩

예시 답안 ① 우리 막내는 예쁜 짓만 골라 한다. ② 요즘 제일 재미있는 영화가 뭐니? ③ 아빠는 멋있는 신사다. ④ 운동을 할수 있는 즐거운 체육 시간이다.
⑤ 등산할 때는 가벼운 옷을 입는 게 좋다. ⑥ 힘든 일도 함께 하면 쉬워진다. ⑦ 쓰레기 분리 수거는 귀찮은 일이다. ⑧ 북한에는 높은 산이 많다.
⑨ 초등학교에 입학하면 새로운 친구를 만나게 된다. ⑩ 앞서 달리는 사람을 따라잡기는 어렵다.

30장 나도 이제 한글을 깨우쳤어요

학습 목표

- 깨우친 글자로 글을 쓰는 훈련을 한다.
- 스스로 하나의 글을 완성해 본다.

스스로 글 쓰기

다음 글을 읽고 자신에 대한 이야기를 써 보세요.

공열이는 오늘 아침 7시에 일어났다. 화장실에 가서 이를 닦고 세수를 했다. 엄마, 아빠와 함께 밥을 먹었다. 오늘 아침에는 계란찜과 미역국을 먹었다. 김치와 시금치 나물도 있었는데 나는 먹지 않았다.

나는

나의 하루

다음과 같이 나의 하루에 대해서 써 보세요.

오전에	공열이는 **오전에** 유치원에 가서 선생님에게 노래를 배웠다.
오후에	**오후에**는 친구들과 놀이터에서 미끄럼틀을 타면서 즐겁게 놀았다.
저녁에	**저녁에**는 집에서 만화 영화를 보았다. 동생과 함께 그림을 그리고 잠을 잤다.

나는 오늘 무엇을 했나?

오전에	나는
오후에	
저녁에	

생일날

다음과 같이 내 생일날 무엇을 했는지 써 보세요.

초대	오늘은 혜리의 생일날이다. 혜리는 친구들을 집으로 초대했다.
음식	엄마가 친구들에게 줄 사탕과 과자를 사 오셨다. 그리고 맛있는 떡볶이도 만들어 주셨다.
놀이	혜리는 친구들과 풍선놀이를 했다. 그리고 나서 만화 영화를 보면서 즐거운 시간을 보냈다.

내 생일날 무엇을 했나?

언제 누구를 초대했나요?
나는
어디에서 무엇을 먹었나요?
어떤 놀이를 했나요?

퍼즐 완성

다음 빈칸에 해당 번호의 낱말을 써서 퍼즐을 완성해 보세요.

①							⑤
		②					
				③	찍		
개		⑥					
					④		
⑦		먹					
				⑨			⑪
	⑧			임		⑩	

가로
① 섞이다
② 시냇가
③ 끔찍하다
④ 색다르다
⑥ 개미핥기
⑦ 돌주먹
⑧ 이동
⑨ 다르게
⑩ 임금님
⑪ 별명

세로
① 섞어찌개
② 다시
③ 가끔
④ 찍히다
⑤ 밝았다
⑥ 핥아먹다
⑦ 돌멩이
⑨ 게임
⑩ 별님

생일 초대

다음과 같이 친구들에게 생일 초대 글을 직접 써 보세요.

인사말 쓰기	공열아, 안녕! 이번 주 토요일이 내 생일이야. 우리 집에서 조그만 파티를 하는데 올 수 있니?
날짜, 시간, 장소	생일 파티는 토요일 12시에 우리 집에서 할 거야. 우리 집은 무지개 아파트 101동 605호야.
초대한 사람, 인사말과 날짜	그날 너도 알고 있는 성현이, 민수, 예지, 지영이도 함께 초대했어. 와서 맛있는 것 먹고 즐겁게 놀자. 0000년 00월 00일 혜리가

친구들에게 생일 초대 카드를 써 보세요.

인사말 쓰기
날짜, 시간, 장소
누구를 초대하나요? / 인사말과 날짜

어휘 짝 찾기

다음 〈보기〉에서 아래 쓰인 낱말의 짝이 되는 말이나 반대말을 골라 빈칸에 써 넣으세요.

보기

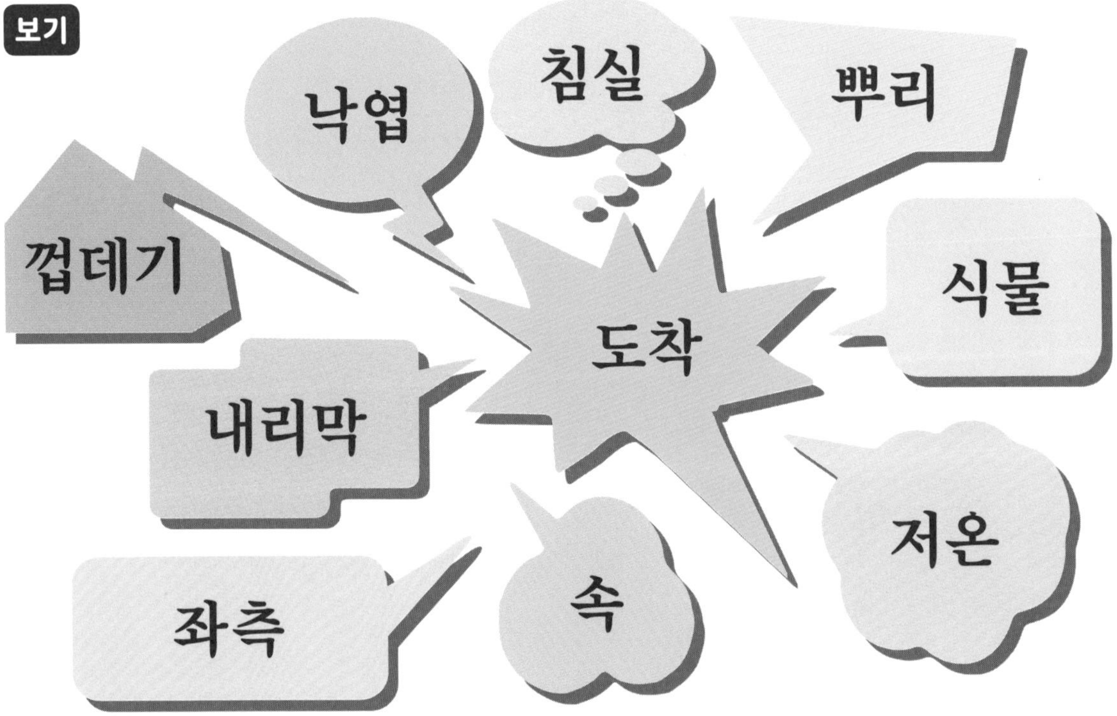

출발	①	동물	⑥
우측	②	새싹	⑦
오르막	③	알맹이	⑧
거실	④	줄기	⑨
고온	⑤	겉	⑩

정답 ① 도착 ② 좌측 ③ 내리막 ④ 침실 ⑤ 저온 ⑥ 식물 ⑦ 낙엽 ⑧ 껍데기 ⑨ 뿌리 ⑩ 속

나의 꿈

다음과 같이 나의 꿈을 글로 써 보세요.

나의 꿈	상호의 꿈은 로봇 개발자입니다.
왜?	상호는 사람처럼 말을 하는 로봇을 만들고 싶습니다. 그러한 로봇이 있으면 외로운 사람들도 즐겁게 로봇과 대화를 하면서 살 수 있기 때문입니다.
어떻게?	상호는 로봇에게 말을 가르치기 위해서 모국어 공부를 열심히 하기로 결심했습니다. 그리고 말하는 로봇을 만드는 데 필요한 프로그램을 배울 생각입니다.

나의 꿈에 대해서 쓰고 읽어 보세요.

나의 꿈	나의 꿈은
왜?	내가
어떻게?	

자기 소개

다음과 같이 자기 소개 글을 써 보세요.

이름	모공열
이름, 나이, 태어난 곳, 사는 곳, 가족 등	내 이름은 모공열입니다. 일곱 살이고, 세종 유치원에 다닙니다. 내년에 초등학교에 들어갑니다. 우리나라 수도인 서울에서 태어났습니다. 우리 가족은 엄마, 아빠, 동생 이렇게 네 명입니다.
내가 좋아하는 것	엄마가 해 주는 음식은 모두 맛이 있는데, 김치찌개는 내가 가장 좋아하는 음식입니다. 나는 아빠와 운동하는 것도 좋아하지만 우리말 공부할 때가 더 즐겁습니다. 공열이라는 이름에 어울리게 공부를 열심히 할 생각입니다.

나를 소개하는 간단한 글을 쓰고 읽어 보세요.

내 이름	내 이름은
가족	내가
좋아하는 것